Carla Osella

Le beatitudini

Carla Osella

Le beatitudini

percorso di santità

Edizioni Sant'Antonio

Cover image: www.ingimage.com

Publisher:
Edizioni Accademiche Italiane
is a trademark of
International Book Market Service Ltd., member of OmniScriptum Publishing Group
17 Meldrum Street, Beau Bassin 71504, Mauritius

Printed at: see last page
ISBN: 978-613-8-39232-3

INTRODUZIONE

Nella sua terza lettera apostolica "Gaudete ed exultate " uscita ad aprile del 2018 il Papa vuole presentare ai cristiani il progetto di Dio per tutti: la santità; l'obiettivo del testo è richiamare i credenti a vivere e promuovere questo percorso.
Parlare di santità oggi può sembrare per molti inutile, in un mondo post religioso e in crisi di valori la santità sembra astorica, ma invece non è così, la santità è la strada normale del Cristiano.
Un percorso da vivere nello stato di vita assunto, soprattutto "non cercare vite perfette senza errori" (cfr"GE 22), ma vivere la vita spirituale incarnata ogni giorno nella storia, sporcarsi le mani senza tornare indietro mai, nonostante le difficoltà e le cadute.
Cita S. Teresina del Bambino Gesù, la Santa della piccola via d'amore che ha vissuto in modo straordinario le azioni ordinarie di ogni giorno: il santo non è un superuomo, ma uno che si lascia trasformare dalla grazia continuamente.
Ogni Cristiano "è una missione", ogni Santo "è una missione" e di questo tema ne aveva trattato ampiamente in Evangelii Gaudium, tutti siamo una missione perché creati per essere l'opera di Dio in questa terra.
Papa Francesco indica la strada per arrivare alla santità: vivere ciò che ha detto Gesù nel Discorso della montagna, le otto Beatitudini, la magna charta dei cristiani e non.
Il giovane Rabbi alla folla che lo seguiva parla di un sogno che si può realizzare e capovolge la mentalità del mondo, è una proposta sconcertante, proclama beati i miti, i puri di cuore e fortunati i sofferenti.
Gesù promette, se si vivono la gioia, la pace, la felicità, la luce, la liberazione, la guarigione.
Il tragitto non è facile, ma possibile!
Vuoi provare?

BEATI I POVERI IN SPIRITO PERCHÉ DÌ ESSI È IL REGNO DEI CIELI

Le beatitudini

Tutti conoscono le beatitudini per averle lette, meditate, sentite commentare nelle omelie.
Sappiamo che il cammino non sarà facile, ogni crescita costa fatica, ma ognuno di noi è chiamato a crescere continuamente.
Non c'è mai stasi nel cammino spirituale, se ci fosse, significherebbe che ci basta ciò che abbiamo; vi sono persone che si chiedono:

- Perché dobbiamo crescere ?
- Per quali motivi scoprire cose nuove?

La risposta è semplice: la vita del cristiano non è fatta solo di lavoro, di pranzi da preparare, indumenti da lavare, bambini da accudire.
La vita è stupore continuo della presenza di Dio; e chi perde il senso dello stupore nel cammino spirituale, perde il gusto della vita e della gioia.
I credenti sono più o meno impegnati a seguire catechesi, riflessioni sulla Parola di Dio; basterebbe una sola Parola realizzata per diventare santi, ma sappiamo come abbiamo bisogno di continui stimoli per camminare.
Le beatitudini sono conosciute anche come "discorso della montagna".
Il primo a chiamarle con questo termine fu S. Agostino nel lontano 393, Matteo e Luca hanno scritto il testo delle beatitudini con alcune differenze tra di loro.
Possiamo definire le beatitudini una scuola di base, la "Magna Carta" del cristiano. In questo caso Gesù non parlava ad un gruppo ristretto di persone, come ha fatto altre volte ai discepoli, ma a tutti coloro che andavano ad ascoltarlo.
Per molti secoli si pensò che le beatitudini fossero riservate agli asceti ed ai monaci, mentre per il cristiano bastava vivere i dieci Comandamenti; questa concezione sviluppatasi nel medioevo è rimasta fino all'inizio del 1900. Le beatitudini sono indirizzate a tutti coloro che vogliono diventare seguaci di Gesù. Tra le due versioni, abitualmente viene usata quella di

Matteo la quale, a differenza di quella di Luca, conta quattro beatitudini in più.
Secondo l'annuncio di Gesù il discorso della montagna è una provocazione, specialmente per coloro che erano ebrei; dire beato nella loro mentalità significava nobiltà, potere, bellezza. Invece Gesù capovolge la mentalità e i beati sono i poveri in spirito, gli afflitti, i miti ... Secondo l'insegnamento di Gesù essere poveri è una fortuna; come siamo lontani dal suo pensiero!
Non si sa perché Gesù inizia il suo discorso proclamando "Beati i poveri in spirito". In greco "makarios" significa "beato". Spesse volte nel Vangelo c'è questa definizione: "beata te che hai creduto", "beata colei che ti ha portato nel seno e ti ha allattato", "beati piuttosto coloro che ascoltano la Parola di Dio e la mettono in pratica".
Le beatitudini proclamate circa 2000 anni fa ci interpellano ancora oggi.
Le otto beatitudini di Matteo possono essere divise in due gruppi di quattro; il primo presenta condizioni di sofferenza, povertà, afflizione, mitezza, fame e giustizia; il secondo determina atteggiamenti quali la misericordia, la purezza di cuore, l'azione di pace, la persecuzione per la giustizia.

I poveri nel Vecchio Testamento

I poveri secondo la Bibbia sono le persone di condizioni sociali umili, incapaci di farsi valere, persone che non hanno voce, non hanno opinione.
Il povero è chi è convinto di aver bisogno di Dio e attende tutto da lui.
Il Dio biblico è colui che parteggia per il povero e considera il ricco alla stregua di un bestemmiatore (Gc. 2,56-57).
Javhé è un Dio provvidente che prende le parti del povero e lo libera dall'oppressione e dalla schiavitù. Il potere di Dio si manifesta nella difesa del diritto del povero (Si. 146,7-8), ed è proprio nella liberazione del povero che abbiamo la vera teofania, manifestazione, rivelazione di Dio.
Secondo il testo biblico non c'è culto autentico a Dio, se non c'è solidarietà con il povero (Gutierrez).
Per essere amici di Dio, è necessario comportarsi con il povero come Javhè ha fatto con il suo popolo. "Chi disprezza il povero pecca" (Prov. 14,21). Chi "si burla di un povero oltraggia il suo fattore" (Prov. 14,21).

Le preferenze di Dio sono per le persone umili ed è tra di esse che sceglie i profeti e i pastori per guidare il suo popolo.
Anche il Messia annunciato nel Vecchio Testamento viene a portare l'amore del Padre per i poveri, e si da Lui stesso povero, il povero per eccellenza:

- nasce in un ambiente sociale povero,
- ha scelto di vivere tra i poveri,
- ha indirizzato il suo Vangelo ai poveri,
- ha lanciato invettive contro i ricchi che disprezzavano e opprimevano i poveri,
- nei confronti del Padre fu un povero spirituale.

Si può applicare anche ad esse in fondo, quando Giacomo afferma nella sua lettera riguardo ai Comandamenti dati a Mosè: "Chiunque osserva tutta la legge, ma la trasgredisce anche in un solo punto, diventa colpevole di tutto[1]" (Gc. 2,10).
Le beatitudini ci obbligano a chiederci, perché Gesù vuole fare dei suoi discepoli persone felici, non sempre si concepisce che si possa essere dei suoi ed essere felici.
Nella mentalità corrente ci sono diversi modi di intendere la felicità, per molti è legata all'idea di possesso: è felice chi ha molte cose e può realizzare tutti i suoi desideri. Naturalmente Gesù non intende dare questo significato.
Altri vorrebbero ridurre la felicità all'accontentarsi di quello che si possiede, accettare tutto in modo positivo: questa linea è già un passo avanti, ma non è la prospettiva delle beatitudini che si rivolgono in modo evidente a gente insoddisfatta.
La felicità di cui parlano le beatitudini non esclude la contrarietà e le sofferenze. Esse guardano proprio a persone considerate infelici, è la nostra concezione di felicità che deve essere rivista[2].
La prima beatitudine che riguarda i poveri ci fa capire che Dio sta dalla parte dei poveri, ma è vero che Dio ama anche i ricchi e coloro che nel mondo sono potenti.

---

[1] da Marinella Perroni, "Beati i poveri in spirito..." (Ed.Paoline).
[2] J.Dupont "Il Messaggio delle beatitudini" (Ed.Gribaudi).

Dio sta dalla parte dei poveri, di coloro che non contano, che nessuno ascolta.
Nella Bibbia leggiamo che Dio si riserva di proteggerli e di difenderli.
La povertà fisica non costituisce titolo privilegiato di ammissione al regno, ma solo i poveri in spirito ne hanno diritto. Il centro di tutta la predicazione di Gesù è l'annuncio del regno.
L'essenziale per i credenti è ottenere il regno. In Matteo 6,33 leggiamo: "Cercate prima il regno di Dio, e il resto vi sarà dato in sovrappiù".
Gesù è inviato dal Padre nel mondo per "evangelizzare i poveri" (Lc. 4,18).

Sceglie di fare il suo primo annuncio in pubblico nella sinagoga leggendo Isaia 61, che diventerà il programma della sua futura predicazione.
Infatti proclama:
"Mi ha mandato ad annunciare ai poveri un lieto Messaggio, per proclamare la liberazione ai prigionieri e ai ciechi la vista, per rimettere in libertà gli oppressi e predicare un anno di grazia del Signore".
Con questo Messaggio il figlio del Dio vivente entra nella storia mettendosi chiaramente dalla parte dei poveri.
Quando i discepoli di Giovanni Battista vanno a chiedergli se lui è il Messia, Gesù risponde semplicemente: "ai poveri è annunciata la lieta novella" (Lc. 7,22).
Per Gesù i poveri sono tutti coloro che hanno problemi di ogni tipo: il cieco nato, il lebbroso, la prostituta, il ladro, l'indemoniato. Ma la sua attenzione è anche per i ricchi di denaro, di beni e per coloro che non sanno seguire la sua proposta, come fece il giovane ricco, al quale disse: Vendi tutto quello che hai, dallo ai poveri, poi vieni e seguimi." Quello rimase impaurito di dover lasciare tutto ciò che aveva, e "se ne andò triste".
Gesù è venuto a portare il regno del Padre, regno di giustizia che va alla radice di ogni ingiustizia: il peccato.
Nella prima beatitudine leggiamo "beati i poveri di spirito perché di essi è il regno dei cieli". Perciò noi siamo invitati a diventare poveri.

Nuove povertà

In questi ultimi tempi si parla molto di nuove povertà; ma chi sono i poveri oggi?
Gli esperti parlano di nuove sacche di povertà; la disoccupazione è uno dei maggiori problemi in cui incorrono le persone, abbiamo un aumento di famiglie divorziate, di minori in difficoltà, di anziani soli, di tossicodipendenti, di malati di AIDS, di malati mentali, ex carcerati, prostitute, alcolisti, extracomunitari, zingari. Attualmente esistono in Europa oltre 50 milioni di poveri.
Noi cristiani dobbiamo cooperare al progetto della casa comune europea, perché cadano tutte le barriere che dividono e diventi sempre più un'Europa dei popoli, dove la dignità e il rispetto per l'uomo siano sempre al primo posto.
Bisogna far diventare operativo questo progetto partendo dal nostro ambiente, e, perché tutto non si risolva in una utopia, intervenire coraggiosamente quando succedono ingiustizie e si va contro il diritto alla vita. Oggi si inizia non solo a parlare di eutanasia come strumento per evitare il dolore e la vecchiaia, ma nel febbraio del 1992 è stata varata una legge in Olanda.
Il nostro vecchio continente, L'Europa, sembra ormai senza speranza, pronto a colare a picco, sommerso dai disvalori di una società che crede solo nella produzione e nel benessere materiale; bisogna operare perché si realizzi un rinnovamento sociale e politico.
Spesso di fronte alla drammaticità dei problemi e all'impossibilità di incidere realmente, ci scoraggiamo, ma non dobbiamo farlo, dobbiamo invece guardare a Gesù perché anche lui ha vissuto la crisi del suo ministero. In Marco 1,6 leggiamo come la gente di Nazareth non abbia fiducia in lui e non lo ascolta. In Marco 8,14-21 possiamo vedere i suoi discepoli in crisi: "i discepoli non capiscono ancora".
Ma Gesù educa al suo progetto giorno dopo giorno, avrebbe potuto farsi vedere splendente, come durante la trasfigurazione, ma segue la strada del povero di Javhè, sceglie il nascondimento, la via del calvario, la morte.
Sul monte del calvario ci sono pochi suoi, la folla osannante è sparita, Gesù sembra un vinto.

A volte anche noi ci sentiamo vinti, perché il mondo non si converte, e ci chiediamo come mai l'annuncio del Vangelo non sconvolge la gente?
Perché il Rinnovamento non cambia il mondo?
La risposta è molto semplice, ma difficile da realizzare; perché il Vangelo sei tu!!!
Noi, nonostante tutto, dobbiamo fare come Pietro in At. 3,6, davanti alla porta del tempio, c'era un povero che chiedeva l'elemosina; Pietro non ha nulla da offrire, neppure una piccola moneta, ma pieno di Spirito Santo dice: "Non ho né oro, né argento, ma nel nome di Gesù ti dico alzati e cammina".
Noi non abbiamo mai le mani vuote perché abbiamo un grande dono da fare all'uomo:

- Gesù!
- Gesù che salva!
- Gesù che libera!
- Gesù che consola!

Noi siamo ora a Torino le sue mani, la sua voce, il suo cuore. Davanti ad ogni situazione dobbiamo domandarci: che possiamo fare?
Vorrei dare delle soluzioni, ma desidero che scaturiscano da ognuno di voi: cosa posso fare di più io oggi così come sono?
Non ripieghiamoci a dire: "Se non avessi da fare quello, se non ci fosse quell'altro."
Io oggi come sono segno di questa beatitudine per gli altri?
Chiediamo che la potenza dello Spirito ci aiuti a capire meglio a veder chiaro verso dove dobbiamo muoverci.
Amen!

BEATI GLI AFFLITTI PERCHÉ SARANNO CONSOLATI

Gesù capovolge la mentalità degli uomini

Questa seconda beatitudine "Beati gli afflitti perché saranno consolati" non è una beatitudine a sé stante, ma una continuazione della prima. Sappiamo come Dio ama tutti, ma ha una preferenza: i poveri, i sofferenti.
Nella linea del Vecchio Testamento la sofferenza e la malattia in qualche modo erano legate al peccato e assumevano l'idea di una punizione da parte di Dio.
Ma Gesù capovolge questa mentalità e lo possiamo vedere, quando gli chiedono il perché del cieco nato, se fosse colpevole lui o i suoi genitori. Gesù dice: "Né lui, né i suoi genitori".
La malattia porta l'uomo ad essere impotente, debole, limitato, ma non sempre in se stessa è negativa. C'è gente che di fronte alla malattia si sente finita, come se tutto fosse basato sulla forza e sulla salute; davanti alla malattia si scopre la maturità della persona.
Mi interrogo: davanti alle difficoltà o alla malattia mie e delle persone a me care come mi sento? Mi so abbandonare alla volontà di Dio o mi ribello?

Chi sono gli afflitti? In questa categoria mettiamo anche tutti coloro che non si sentono amati profondamente, i traditi, i feriti nel cuore oltre gli ammalati fisici.
Ognuno di noi ha incontrato nella vita la sofferenza, in sé e accanto a sé; ci incontriamo continuamente con il dolore, sappiamo come il dolore faccia parte del nostro cammino. Chissà quante volte ci sentiamo interrogati del perché del dolore, del soffrire. Perché soffrire? Per chi soffrire? Che senso ha?
Un giorno una persona mi raccontò le tante sofferenze nella sua vita e mi chiese: "Perché l'uomo deve percorrere la strada del dolore? Dove sta la risposta alla sofferenza?" È difficile dare una risposta perché si entra nel mistero del progetto dell'amore di Dio verso ognuno.
Questa beatitudine dell'afflizione, in realtà, è un cammino verso l'amore, un cammino dove il pellegrino delle beatitudini, il mendicante della

felicità, che c'è in ognuno di noi, se scopre il mistero di Dio, porta segno della speranza.

Nel mondo quante sofferenze! Ne sentiamo tante dai giornali, dalle TV: morti, guerre, stragi, terremoti, suicidi.

Diceva un bambino che la cosa più sconvolgente per lui era guardare il telegiornale, preferiva guardare film di violenza, perché almeno tutti i morti erano finti.

Parlando di sofferenza non si può tralasciare di guardare alla figura di Giobbe che rappresenta il mistero del dolore, ma anche della speranza che non muore.

> "L'uomo nato da donna, breve di giorni
> e sazio di inquietudine,
> come fiore sboccia
> ed è subito avvizzito,
> come ombra svanisce
> e mai si arresta" (Gb. 14,1-2)

Nonostante tutto, non cessa di avere fiducia in Javhé , nel Dio dell'Alleanza. Nel suo dolore non abbandona mai Dio, nonostante i suoi amici lo invitino a ribellarsi. È l'itinerario di un uomo che continua ad amare!

Il dolore è il banco di prova della fiducia in Dio e nella vita. Secondo Giobbe "il mistero del male che si presenta in tutta la sua violenza deve condurre a Dio in un modo molto più genuino di quanto lo faccia l'esistenza al bene. Il poeta biblico è fermamente convinto che il male, proprio perché mistero, non può essere razionalizzato[3]".

Giobbe riconosce di non essere in grado di capire questo mistero, ma lo accetta ugualmente, ed è qui la sua forza.

Quest'uomo ci propone una catechesi sulla fede e l'accettazione del dolore. Il libro di Giobbe non è solo da leggere, ma da meditare per scoprire da dove nasce tutta la sua forza interiore per essere fedele a Dio in quei momenti di abbandono.

---

[3] dal Nuovo Dizionario di Teologia Biblica (Ed. Paoline).

Questa fede si manifesta quando dice:

> "Nudo uscii dal seno materno di mia madre,
> e nudo ritornerò.
> Il Signore ha dato, il Signore ha tolto;
> come piacque al Signore, così è avvenuto:
> sia benedetto il nome del Signore!
> Se da Dio accettiamo il bene, perché non dovremmo
> Accettare il male?" (Gb. 1,21)

Quanta gente si chiede se di fronte al male Dio è davvero impotente!
"Non può far niente per fermarlo , ma allora che Dio è?"
Se ci sono venute alla mente queste domande, non dobbiamo scandalizzarci; è giusto interrogarci sui perché della vita e il significato del dolore, questi temi hanno fatto scorrere fiumi di inchiostro attraverso i secoli ai filosofi, ai poeti, agli scrittori, ai santi, per dare una risposta.
La risposta è nel mistero di Dio di cui capiamo così poco: "Dio ha rivelato la sua onnipotenza nel volontario abbassamento nella morte e nella risurrezione del Figlio per mezzo del quale ha vinto il dolore".
Cristo crocifisso è, come ha scritto S. Paolo, "potenza di Dio e sapienza di Dio, perché ciò che è stoltezza di Dio è più forte degli uomini" (Cor. 1,25-26).
Solo la fede ci permette di dare una risposta al dolore.
Nel momento della sofferenza possiamo dire: "Comprendo che puoi tutto e nessuna cosa è impossibile per te" (Fb. 42,2).
Il vero afflitto secondo il cuore di Dio è stato Gesù, che ha accettato per amore l'esperienza della croce in obbedienza al Padre.
In Gesù il nostro dolore può placarsi, ognuno può dare significati diversi al dolore.
Una persona mi raccontava un giorno: "Nella mia vita sono stata molto infedele a Dio e adesso nella malattia accetto tutto come un atto di purificazione del mio passato".
Un'altra: "La mia vita è passata sotto l'ombra del campanile, le sofferenze che ho le vivo per amore, ho scoperto l'amore di Dio fin da piccola, ed essendo stata tanto amata posso accettare tutto stando nella pace".

Se rivolgiamo lo sguardo ai santi vediamo come la sofferenza è stata spesso il cibo quotidiano accettato per amore, anzi per molti la sofferenza era l'unica cosa che volevano per essere simili a Gesù. Se guardiamo alle rivelazioni umane, ci accorgiamo che, quando si ama una persona si riceve forza e consolazione.
Per il credente la grande forza nella sofferenza è Dio.

La sofferenza di Gesù

Leggendo il Vangelo possiamo scoprire come anche Gesù abbia pianto e sia stato afflitto, ha pianto sulla distruzione di Gerusalemme (Lc. 19,41) e sulla morte di Lazzaro (Gv. 11,35).
L'amore per il Padre e per l'umanità, fa accettare a Gesù la morte in croce per salvarci, davanti all'imminenza della sua morte prega:
"Padre mio, se è possibile passi da me questo calice! Eppure, non come voglio io, ma come vuoi tu" (Mt. 26,39). E ancora: "La mia anima è triste fino alla morte" (Mt. 26,37).

In questa sua sofferenza vediamo come Egli si è fatto carico della sofferenza del mondo. Guardano a lui con il suo aiuto tutto diventa superabile: angoscia, dolore, solitudine, peccato.
Nella seconda parte della beatitudine si parla di consolazione .... "perché saranno consolati". Umanamente è un controsenso, ma nella luce della fede è una ricchezza.
Dolore e consolazione sono l'uno opposto dell'altro. Eppure sono in molti a cercare consolazione fuori di Gesù; la cercano nella ricchezza, nel denaro, nel sesso, nel potere, nei maghi; queste persone credono attraverso le cose, di avere la soluzione per tutto.
Nella Bibbia troviamo molti passi riguardo il passaggio dalla sofferenza alla consolazione.
Dobbiamo imparare a riprendere queste citazioni nei momenti di dolore, perché sappiamo come la Parola di Dio sia terapeutica, guarisca, liberi!
Come si fa? Si legge la Parola attentamente. La si rilegge, adagio, perché entri nella nostra mente, nel cuore, chiedendo a Dio di donare pace e consolazione.

Ho scelto alcuni passi su questo tema:

- “La vostra tristezza diventerà gioia” (Gv. 16,2)
- “Il nostro Dio asciuga ogni lacrima” (Is. 25,8)
- “Il Signore asciuga le lacrime su ogni volto e offre consolazione a quanti sono afflitti” (Is. 57,18)
- “Il nostro Dio è veramente il Dio della speranza e della consolazione” (Rom.15,5)

Dio non ci lascia mai soli in nessun dolore, è accanto a noi anche quando sembra che tutto ci crolli addosso.

Crediamo fermamente che Lui può intervenire, infatti “Il suo nome sarà la consolazione d’Israele” (Is. 61,2)

E la consolazione che nasce dentro il cuore, è il balsamo della pace.

Gesù risorto, ha inviato il Paraclito, lo Spirito di consolazione, perché stesse con noi, fino alla fine del mondo.

I credenti in Gesù, nonostante percorrano come tutti gli uomini la strada del dolore, sanno che Dio consola.

Si racconta, un episodio di S. Antonio, un giorno nel dolore più duro, pone a Dio questa domanda: “Dov’eri dunque, Signore, quando ti invocavo?”.

E Dio rispose: “Ero lì, Antonio e guardavo il tuo combattimento”.

Era lì, ed è vicino a noi sempre, in maniera speciale ogni volta che soffriamo, per sostenerci e consolarci.

Nel salmo 34,19 e 145,5 leggiamo la conferma di ciò che Dio ha detto al grande eremita: “Il Signore è vicino a chi ha il cuore ferito e a quanti lo invocano e lo cercano con il cuore sincero”.

Anche nella Bibbia troviamo un modo per superare il dolore e la tristezza che spesse volte entra nella nostra vita per vari motivi.

Troviamo alcuni passi in Sir. 30,21-24 :

“Non abbandonarti alla ricchezza
non tormentarti con i tuoi pensieri.
Distrai la tua anima, consola il tuo cuore, tieni lontano la malinconia.
La malinconia ha rovinato molti, da essa non si ricava nulla di buono”

Ed ancora:

"Non abbandonare il tuo cuore al dolore, scaccialo pensando alla tua fine" (Sir.38,20)

Beatitudini e conversione

Non si può parlare di Beatitudini se non si compie un passaggio obbligato: la conversione.
Dopo anni di cammino nella fede ci sono persone convinte di sapere tutto, se ne stanno sedute in poltrona a guardare gli avvenimenti del mondo senza intervenire in nulla: sono ripiegati nelle loro comodità e spesso nella loro sofferenza.
Vanno a Messa, pregano, lodano il Signore e si sentono dei convertiti, si sentono a posto.
Ma sbagliano! Nessuno è mai convertito del tutto, guai a sentirsi arrivati, a credersi al sicuro.
Le loro sicurezze sono false, false in modo così forte che non permettono neppure di vedere, di capire ciò che Dio fa per loro.
Vivono immerse nella nebbia permanente, stanno bene così.
Invece no!
Bisogna svegliarsi dal sonno, riimparare ogni giorno a percorrere la strada della conversione. Siamo sempre in cammino, ogni giorno, ogni ora, continuamente!
Convertirsi significa portare avanti con difficoltà il progetto che Dio ha per noi, anche il dolore.
Chi dice che è facile vivere da convertiti, con fedeltà e costanza?
Impariamo a vivere le piccole sofferenze per prepararsi a quelle grandi che potrebbero esserci, combattere l'immobilismo, con la forza dello Spirito che ci spinge a capire, a guardare lontano e perciò a camminare.
Dio ci fa doni continuamente! Sappiamo qual è il dono per oggi?
Bisogna farsi attenti al suo passaggio, non per tutti il dono è uguale, imparare a chiedersi: cosa ha preparato il Signore per me?
Ricevuto il dono è necessario portarLo nella casa del cuore con gioia e viverlo ogni giorno; è ciò che abbiamo bisogno per il nostro itinerario di fede.

BEATI I MITI, PERCHÉ EREDITERANNO LA TERRA

ANAWIN

ANAWIN in ebraico si traduce anche con mite; abbiamo perciò due modi di indicare un unico atteggiamento.
Nella 2° parte del libro di Isaia possiamo leggere:

> "Perché così parla l'Alto e l'Eccelso,
> che ha una sede eterna e il cui nome è santo.
> In un luogo eccelso e santo Io dimoro,
> ma sono anche con gli oppressori e gli umiliati,
> per ravvivare lo spirito degli umili
> e rianimare il cuore degli oppressi". (Is. 57,15)

> "Tutte queste cose ha fatto la mia mano
> ed esse sono mie – oracolo del Signore -.
> Su chi volgerò lo sguardo?
> Sull'umile e su chi ha lo spirito contrito
> e su chi teme la mia parola". (Is. 66,2)

Questi versetti hanno ispirato il discorso della montagna.

Le beatitudini sono considerate da molti una utopia irrealizzabile; il mite oggi è considerato una persona debole, che non sa farsi valere. Chi non è aggressivo, non vale, viene considerato senza spina dorsale.
La mitezza evangelica è invece una forza interiore, significa controllo di sé, pacificazione, sicurezza, amore per gli altri.
Arrivare al dominio interiore significa aver percorso un lungo cammino, le persone forti sono quelle che hanno avuto il coraggio di diventare miti.
Ricordo una persona giovane ed energica che prima di entrare nel Rinnovamento si adirava spesso, e a volte veniva alle mani. Un giorno mi ha confessato: "La presenza dello Spirito Santo nella mia vita mi ha cambiato, ho percepito dopo l'effusione, che il Signore voleva da me il

controllo dell'ira, ho percepito la sua forza, ho lottato molto contro me stesso, ora mi controllo non solo esternamente, ma dentro di me. Anche se continuo ad avere il carattere forte di prima, sono cambiato".

Le beatitudini vecchie di duemila anni sono sempre attuali; anche se i tempi cambiano, sono rivolte ad ogni generazione, perché la Parola di Dio è per tutti i popoli, la Parola di Dio è eterna ed è questa la sua forza. Nonostante le difficoltà che si incontrano per viverle, trascina, coinvolge e seduce.

Paolo parla della mitezza in Gal. 5,22 , come uno dei frutti dello Spirito Santo.

La mitezza è un atteggiamento del cuore che si manifesta nel comportamento ed in ogni forma di rapporto, nei riguardi degli altri. È un comportamento di sobrietà e semplicità evangelica. "È un sentimento interiore che va oltre la gentilezza e l'educazione[4]"

Nel Nuovo Testamento i termini "benevolenza, mansuetudine, affidabilità, mitezza" sono usati spesso da Paolo: "A nome della mitezza e mansuetudine di Gesù Cristo" (II Cor. 10,1) e chiede di imitare l'atteggiamento di Gesù.

La mitezza è l'opposto dell'arroganza, della prepotenza che sembrano invece le basi dei rapporti esistenti nel mondo. Certi politici, se non fossero violenti, arroganti, ricattatori, non avrebbero spazio, non sarebbero applauditi dai deboli. Solo chi è debole, insicuro, ha bisogno di un leader forte che lo rappresenti e interpreti la propria rabbia.

Paolo ci spinge a copiare l'atteggiamento di Gesù, il nostro unico modello.

Nella lettera a Tito 3,2 scrive: "... Di non parlare male di nessuno, di evitare le contese, di essere mansueti, mostrando ogni dolcezza verso tutti gli uomini".

La mitezza nella quotidianità

Vediamo quanto sia importante la mitezza; ma come si può vivere nella quotidianità?

---

[4] Dupont "Les bèatitudes" Nouvelle Edition, Paris

Dobbiamo tacere, non ribellarci mai, fuggire, rinchiuderci in noi stessi per essere miti?
Non dimentichiamo che il mite Gesù si è dimostrato un uomo forte, deciso, capace di condannare con forza l'ipocrisia dei Farisei (Mt. 23,1-36)
La sua indignazione si manifesta nell'episodio delle bancarelle buttate a terra nel Tempio; è stato un segno di violenza contro i mercanti che avevano fatto del Tempio un luogo per accumulare denaro. Ed era lo zelo per la casa del Padre a spingere Gesù a condannare certi lassismi.
Anche quando dice: "Guai a voi"; è un ammonimento duro, ma in Lui non c'è nulla di vendicativo; è un atto di amore e di giustizia perché tutti si convertano all'amore del Padre. Poi c'è quell'episodio riportato da Luca 9.51-56 che coinvolge i suoi discepoli. I "Samaritani rifiutano di accogliere Gesù, Giacomo e Giovanni si irritano e vorrebbero far scendere il fuoco per consumarli. Entrambi chiedono a Gesù di usare la sua potenza per vendicarsi, ma l'atteggiamento del Maestro è un altro: "Ma Gesù si voltò e li rimproverò".
Paolo nella lettera ai Galati 5,22 ha voluto presentare il comportamento che dovrebbe assumere l'uomo spirituale quando scopre Gesù. I frutti di una vita secondo lo Spirito sono: amore, gioia, pace, pazienza, benevolenza, bontà, fedeltà, mitezza, dominio di sé.
Pertanto l'uomo rinnovato dalla presenza e dalla potenza dello Spirito Santo non dovrebbe più aderire agli stimoli della carne, ma vivere con il cuore trasformato, e quando vive da convertito, nella sua vita sono visibili i "frutti". Gesù faceva un paragone fra i falsi profeti e i suoi seguaci.
"Dai loro frutti li riconoscerete"
"Si raccoglie forse uva dalle spine? O fichi dai rovi? Così ogni albero buono produce frutti buoni ed ogni albero cattivo produce frutti cattivi" (Mt. 16,17)

Le beatitudini sono una strada in salita, la mitezza apre vie impensabili da percorrere. Scrive un noto salesiano, Sabino Palumbieri; docente presso l'Università Pontificia Salesiana: "Il mite permette di toccare il punto più alto dell'amore e porta alla misericordia nel perdono. Solo il mite è in grado di riempire il varco della propria esistenza a chi ha tentato di chiudersi definitivamente all'altro. La condizione essenziale della pace è data dal grado di mitezza".

Gesù rappresenta in modo completo la beatitudine della mitezza: "Guardate a me che sono mite ed umile di cuore". Il vero seguace della mitezza è colui che vive questa virtù come norma di vita, perché vissuta in precedenza da Gesù. Oggi la mitezza è anche la non violenza. Ci sono alcuni gruppi nati fuori dai movimenti cristiani, come il movimento pacifista; ci fanno capire come la mitezza di cui parla Gesù, coinvolge anche coloro che non sono praticanti.

Un grande esempio di pacifista mite e non violento è stato Gandhi, il quale ha simpatizzato per il cristianesimo, ma non si è mai convertito.

Nella sua autobiografia scrisse di aver letto la Bibbia intera durante la sua permanenza a Londra, e ne rimase molto impressionato; ciò che più lo colpì nel profondo del cuore fu il discorso della montagna.

Gandhi fu un grande profeta della pace, si presentò al mondo con la sua mitezza, amorevolezza, trasparenza e libertà interiore. Gandhi ha chiesto ai suoi seguaci, e ne ha avuto molti, impegni forti di non violenza, di povertà, di castità, di rinuncia ai frutti dell'azione come abolizione di ogni calcolo di successo.

Un programma difficile, ma fu fedele ai suoi impegni fino alla morte. Fu un martire della mitezza, venne infatti ucciso da un fanatico mentre stava pregando nel cortile della pagoda, prima di morire benedisse il suo assasino.

Nella sua vita ha realizzato la beatitudine "Beati i miti perché erediteranno la terra".

Gandhi ha ereditato la terra, con la sua pedagogia della non violenza ha messo KO l'impero inglese operando per l'indipendenza politica dell'India. Lui è stato un mite molto coraggioso. Perciò per diventare miti bisogna diventare coraggiosi: la mitezza non è riservata a coloro che non vogliono lottare, ma a chi vuol uscire dalla mediocrità.

Educarsi alla mitezza.

In quale modo possiamo educarci ad essere miti?

Il grande S. Ambrogio, vescovo di Milano, diceva: "La mitezza è la forza del cristiano e la sua potenza consiste nella sua mancanza di potenza".

Vivere la mitezza significa iniziare la giornata con il cuore mite. Aggrediamo la giornata o la accettiamo come dono di Dio? Siamo capaci di mitezza davanti alle prime difficoltà che incontriamo o ci mettono di cattivo umore? Quando un collega, un amico che incontriamo non ci saluta, perché non ci ha visto, sappiamo perdonare o perdiamo tempo a pensare ai mille perché sul suo atteggiamento? Invece di stare tranquilli internamente e passarci sopra, si scatena in noi l'aggressività?
La mitezza è anche il risultato della lode a Dio. Ringraziare e benedire, nonostante tutto, calma le tensioni, ci permette di realizzare la mitezza perché ci insegna a non aggredire le situazioni, ma ad accettarle dalle mani di Dio, ad avere pazienza con noi stessi, e con gli altri.
Il cammino che porta alla mitezza è lungo, durerà per tutta la vita, inizia con piccoli gesti che si costruiscono nel quotidiano lottando. Sembra strano dire "lottando" ma per diventare miti è necessario lottare per contenere l'aggressività; un lungo cammino che ci permetterà di diventare miti profeti di speranza, in un mondo dove la violenza è in aumento.
Il mite è buono, esprime la sua bontà in tutto, ha il tratto del viso sereno, piacevole, rassicurante, benevolo.
Se non siamo ancora arrivati a questo non dobbiamo scoraggiarci; la cosa importante è iniziare, partire, ricominciare.
Il mite non si scoraggia mai, perché è paziente, con se stesso e i propri limiti. La mitezza è anche fortezza, non dirsi "tanto non ci riuscirò mai", ma guardarsi con verità e benevolenza.
"È vero, cado ancora, non sono mite, ma con l'aiuto di Dio posso riprendere il cammino".
A volte in questo percorso si va a cento all'ora, altre volte a venti, la cosa indispensabile è mai rallentare, se la macchina si ferma, chiamare subito il pronto soccorso. Non si fa così quando si rompe la macchina?
Il nostro aiuto è Dio; si fa così in fretta con Lui, un atto interiore di pentimento, capire di aver sbagliato, di aver esagerato e dire: "Signore eccomi qui! Ho bisogno della tua forza per riprendere il cammino".
È ricordarsi che Lui non dirà mai: "Non ho tempo per te, vieni domani" ma sorridendo dirà: "Grazie perché riconosci i tuoi limiti, il tuo peccato, fatti più attento al mio amore, alle cose che costituiscono la tua vita e ricominciamo assieme"!
Abbiamo tanto bisogno di sentirci dire questo da Dio!

Nella logica umana, rispondere bene quando si riceve male sembra una contraddizione, ma non nella mentalità di Dio.
Se non siamo capaci di farlo, siamo per certi versi dei farisei.
Paolo nella lettera ai Romani a questo proposito scrive:
"Non rendere a nessuno male per male, ma lasciare agire la giustizia di Dio. Se il tuo nemico ha fame, dagli da mangiare, se ha sete, dagli da bere".
Il mondo, oggi, ha bisogno di miti, di portatori di mitezza. Se guardiamo attorno, anche nelle piccole cose non si è miti.
Ad esempio sull'autobus spesso sembriamo tante sardine anonime, ci si pesta i piedi, si danno spintoni e quasi nessuno dice la vecchia frase: "Mi scusi", anzi si perde la pazienza, si sbotta.
C'è un episodio nella vita di Martin Luther King, il pastore pacifista assassinato molti anni fa, molto bello: "Un bambino nero era andato nel gabinetto dei bianchi, a quell'epoca era proibito, così com'erano e sono proibiti certi bar e ristoranti oggi; i bianchi insultano il bambino e lo picchiano con violenza. Incontrando questo bambino il profeta gli dice: "Perdona il bianco perché lui è più ignorante che crudele, perdona nel nome di Gesù; lui non sa il male che fa con il suo atteggiamento. È più facile vendicarsi che amare e tu devi imparare ad amare. Bisogna costruire il domani con la forza e la violenza dell'amore".
Se noi ci abitueremo ad essere come quel piccolo bambino pestato dai bianchi, dominando l'istinto della vendetta, accettando le avversità senza vendicarsi, ci sarà un mondo di donne e di uomini liberi e non un popolo di gorilla con il mitra a tracolla".
Bellissimo questo insegnamento: solo la forza dell'amore cambierà il mondo e saranno i miti a farlo. Vorrei ancora ricordare la frase detta da Gandhi un giorno: "Datemi un popolo che creda nell'amore e vedrete la felicità sulla terra".

Perché erediteranno la terra

La beatitudine dei miti termina: "Perché erediteranno la terra".
Nel Nuovo Testamento Dio mette gli uomini miti e dolci sul trono dei potenti.

“Il Signore ha abbattuto il trono dei potenti, al loro posto ha fatto sedere gli umili” (Sir. 10,14) e ancora: “Il timore del Signore è sapienza e istruzione, si compiace della fiducia e della mansuetudine”. (Sir. 1,24)
Questa beatitudine sembra una contraddizione: essere miti e possedere la terra. Secondo il Cardinal Saldarini, il possedere della terra: “Significa una immagine del regno del cielo. La terra promessa al di là del Mar Rosso, è conseguenza e segno della fedeltà di Dio verso il suo popolo. In senso spirituale “la terra” al di là dell’acqua del Battesimo, è segno e luogo in cui Gesù ci nutre con i suoi sacramenti e ci fa partecipe della Sua vita.
In senso escatologico e ciò alla fine dei tempi, la terra è il Regno dei cieli e il Regno è Dio, il Regno di Dio è la vita di Gesù risorto, se gli permettiamo di regnare nella nostra vita e su ogni attività”.

BEATI QUELLI CHE HANNO FAME E SETE DELLA GIUSTIZIA, PERCHÉ SARANNO SAZIATI

Dentro il cuore di ogni persona c'è il desiderio della giustizia, perché ognuno possa avere una casa, un lavoro e vivere una vita dignitosa. Ci accorgiamo purtroppo che non è così, l'ingiustizia è ovunque: guerre e guerriglie in molte parti del mondo.
Se poi guardiamo alla fame nel mondo, ci accorgiamo come metà della popolazione mondiale non abbia cibo a sufficienza. Anche in casa nostra i problemi non mancano: aumento della disoccupazione, famiglie in cassa integrazione, violenze, suicidi. "Fame e sete" nel linguaggio metaforico indicano desideri ardenti presenti nel cuore degli uomini e delle donne, possono esprimere in realtà il desiderio di Dio come l'unico vero bisogno.
Dio nel deserto manda la manna al suo popolo perché sopravviva e fa scaturire miracolosamente l'acqua dalla roccia per togliere la sete; sono segni del potere e della presenza del Signore, capaci di soddisfare le necessità del cammino, ieri come oggi.
Oggi per noi la parola "giustizia" ha più un senso sociale, per Matteo "giustizia" aveva un significato molto più ampio.
"La giustizia di cui parla la Bibbia e Matteo, implica tutti i doveri che l'uomo ha verso Dio e verso il prossimo. La giustizia è il rispetto e la fedeltà ai diritti di Dio quali sono stati precisati con l'alleanza".[5]
Subito dopo aver annunciato le beatitudini Gesù continua il suo discorso e parla di giustizia: "Se la vostra giustizia non supererà quella degli scribi e dei farisei, non entrerete nel regno dei cieli" (Mt.5,20) e nel cap. 6,33 dice: "Cercate prima il regno di Dio e la Sua giustizia, e tutte queste cose vi saranno date in aggiunta".
Dio, facendo queste affermazioni, invita a guardare dentro di noi per vedere come siamo riguardo alla giustizia; sappiamo che Scribi e Farisei erano chiamati da Lui "sepolcri imbiancati" perché vivevano la fede solo per farsi vedere dagli altri.

---

[5] Dupont "Il Messaggio delle beatitudini" (Ed.Gribaudi).

Avere fame e sete di giustizia significa cercare di vivere la vita in conformità alla volontà di Dio.
Il pane e il vino trasformati da Gesù in Eucarestia sono il sacramento di colui che dice di se stesso "Come io vivo per il Padre, così anche colui che vive di me vivrà per me".
Pertanto possiamo dire che "Mangiare, consumare" è la stessa cosa di "accogliere in sé". Per chi vive una vita di fede, quando realizza la volontà di Dio, si sente il cuore saziato come se avesse mangiato; è sazio perché ha fatto ciò che doveva fare. Noi come tutti, abbiamo fame e sete di giustizia; in quale modo la esterniamo?
La vera giustizia è l'amore. Quali sono i nostri cammini per poter dire: io vivo la giustizia perché realizzo l'amore?
Nel Vecchio Testamento la giustizia secondo i Profeti significa: "dare del pane all'affamato e coprire di vesti l'ignudo. (Tob. 4,16-17 - Ez. 18,5-16).
Se guardiamo a Gesù possiamo vedere come la sua vita rispecchi l'ingiustizia del mondo, le sue sofferenze racchiudono tutte le ingiustizie che le persone hanno vissuto o vivono.
Il bambino nato in una culla 2000 anni fa è il Lazzaro mendicante che stende le mani, è l'uomo picchiato dai briganti e curato dal samaritano, è Zaccheo che è affascinato dal giovane rabbi.
E il bambino, il Lazzaro è anche Colui che ha detto al suo popolo "Io sono il Signore tuo Dio che ti ha fatto uscire dal paese d'Egitto, dalla condizione di schiavitù".

Realizzare la giustizia

È possibile realizzare la giustizia?
Il Vangelo è un annuncio di liberazione; se vogliamo essere veri seguaci di Gesù, non possiamo far altro che metterci alla sua sequela. Lui ha aperto il Regno ai poveri e agli oppressi, perché ogni uomo affamato di giustizia possa diventare figlio del Padre.
Gesù muore vittima del sistema politico di allora per realizzare il progetto di giustizia. C'è un versetto del Vangelo molto importante: "Cercate prima il Regno di Dio e la Sua giustizia, e tutte queste cose vi saranno date in aggiunta".

Il discorso della montagna è la via stretta per arrivare a Dio, è il percorso da seguire se vogliamo vederlo.
Oggi il discorso della montagna è ancora valido!
Può essere realizzato nella nostra vita per molti è solo un pezzo di Vangelo da ascoltare in Chiesa.
Quale significato ha oggi per me?
In tanti vorrebbero confinare il discorso della montagna nella vita privata, non viverlo nella sfera sociale, pubblica, quasi un manuale di buone maniere da realizzare di tanto in tanto.
Ma l'Uomo del discorso della montagna ha parlato per tutte le donne e gli uomini perché si impegnino a vivere la propria professionalità da persone giuste,in una società dove si cerca di cancellare Dio, dove in certe aule di scuola si ha paura di mettere il crocifisso perché è segno di discriminazione nei confronti di chi non crede o appartiene ad altre religioni, allora le beatitudini non hanno più senso.
Ma perché si è arrivati fino a questo punto?
Perché i cristiani non hanno saputo essere testimoni credibili, non si sono battuti abbastanza per la giustizia, per il diritto ad esternare la propria fede.

Quando nel Vangelo leggiamo "Il Regno è dei violenti", noi possiamo interpretare che lo possiedono coloro che diventano capaci di lottare perché si realizzi nel loro ambiente.
Se noi cristiani vivessimo i problemi del mondo secondo il discorso della montagna, la vita di molti cambierebbe.
Ma purtroppo la logica del mondo è la forza, la prepotenza al servizio del denaro e del potere.

Le ingiustizie

Nel mondo ci sono molte ingiustizie, facciamo alcuni esempi: le case farmaceutiche vendono centinaia di medicine che non servono a niente.
In Italia ci sono molte fabbriche di armi, che vengono vendute ai paesi poveri e servono ad alimentare guerre e guerriglie.
Chi non conosce la grande multinazionale Nestlé che regala latte in polvere alle mamme nei paesi poveri quando sono in ospedale, fin qui sembrerebbe una buona azione. Questo però le invoglia a smettere di allattare, ma

quando con difficoltà comprano latte in polvere, usano acqua inquinata (perché non esiste acqua potabile).
È stato riscontrato un aumento di mortalità e si fa ben poco per fermare questi "morti da latte". C'è stato un progetto laico di boicottare tutti i prodotti della Nestlé.
Martin Buber, il filosofo dell'alterità ha scritto: "Dio è amareggiato di essere servito da sbirri e carnefici".[6] Molti sono sbirri e carnefici dei loro fratelli, eppure basterebbe lottare nel proprio ambiente contro l'ingiustizia per risolvere il problema.
Abbiamo la libertà di agire come vuole Lui o come preferiamo noi. Liberi di vivere la giustizia o di tacere e accettarla.
Quando davanti a una situazione non sappiamo cosa fare chiediamoci "cosa farebbe Gesù al posto mio?" Agirebbe come sto facendo in questo momento?"
Se crediamo che Dio è il vivente, è il Signore della storia, dobbiamo credere che può intervenire oggi!
Scrive il Cardinale Martini: "Come in passato ha fatto da guida salvandolo dall'invasione delle cavallette, il Signore può intervenire oggi salvandolo dal flagello e bisogna supplicarlo con gesti e digiuni, detestando i propri peccati"[7].
"Ritornate a me con tutto il cuore, laceratevi il cuore e non le vesti".
La televisione, i giornali e i social portano nelle nostre case notizie e drammi in tempo reale, ma spesso ci comportiamo come se non ci interessassero, guardiamo ai nostri bisogni, ai nostri progetti.
Quando spegniamo la televisione, i social, dopo aver visto le sofferenze degli uomini, non possiamo fingere che con un tocco di pulsante, come per magia i problemi visti siano svaniti.
Mentre andiamo a dormire nel nostro letto tranquillamente ci sono milioni di persone al freddo, sprovviste di letto, mentre beviamo la tisana caldo prima di dormire e abbiamo la possibilità di scegliere per addolcire tra miele, zucchero di canna, zucchero comune o dietor, milioni di uomini e donne, nostri fratelli in Gesù, non hanno la possibilità di mangiare; mentre viviamo una situazione di benessere, altri vivono nella povertà.

---

[6] Il mondo letterario, Berlino 1929
[7] Martini "Mettere ordine nella propria vita" Centro Ambrosiano Ed. Piemme

Cosa si può fare?
Ci sono solo due modalità per intervenire: copiare l'atteggiamento di quel fariseo che vedendo l'uomo picchiato dai briganti, al bordo della strada fingerlo di non vederlo e prosegue il cammino con indifferenza, o fermarsi lasciandosi coinvolgere, donando amore, idee, tenerezza, denaro.
Non sentiamo il desiderio di fare qualcosa di bello per Dio?
Come ha detto Madre Teresa in una intervista, sulla terra esistono due mondi: uno appartiene ai poveri e l'altro ai ricchi. Anche se possediamo appena il necessario per vivere nei confronti di chi muore di fame e di ingiustizia, siamo ricchi.
Ogni volta che vogliamo lottare per la giustizia, si deve lottare contro l'ingiustizia.
Abbiamo visto come le beatitudini siano difficili da vivere e questa forse più di altre.
Quando vedendo un'ingiustizia e rendendosene conto, non si fa nulla per cambiare, si diventa complici.
Su queste paure è nata la mafia, l'andrangheta, i vari cartelli dei signori della droga e, a volte, a causa della paura continuano a sopravvivere le cosche e non saranno mai distrutte finché ci sarà l'omertà che è una forma di codardia.

Complicità nelle ingiustizie

Dire che siamo complici delle ingiustizie quando non interveniamo è una affermazione forte, ma deve aiutarci a riflettere. La rivoluzione pacifica di coloro che credono nei valori cristiani e nei valori dell'uomo, deve partire dal nostro impegno personale, e non pensare che tocca agli altri.
Dovremo dire continuamente "Signore cambia il mio cuore, aiutami a diventare coraggioso davanti alle ingiustizie".
Se non interveniamo, siamo vigliacchi, mi scuserete questa durezza, ma il Vangelo non è per i deboli (anche se sappiamo come la misericordia di Dio ci accolga con le nostre fragilità).
Ma è necessario chiedere a Gesù lo stesso suo coraggio per affrontare le ingiustizie.
Un giorno una persona che opera nel settore dell'emarginazione mi disse: "Da tanti anni lavoro continuamente e continuerò ad essere povera, ma di

una cosa mi sento ricca: non mi sono mai sottomessa ai potenti. Ho sempre lottato per difendere i diritti dei poveri, ho avuto pochi appoggi; meglio povera e ricca interiormente che essere legata al carro di chi vive l'ingiustizia".
Chi tra voi si sente di fare un piccolo passo in più, di impegnarsi perché la speranza di uno coinvolga altre persone?
Ha scritto un poeta brasiliano: "Quando un uomo ha un sogno è solo un sogno, ma quando tutti gli uomini hanno lo stesso sogno, è una realtà che comincia".
E noi abbiamo un sogno in comune con Gesù!
Perché non provare ancora una volta a credere che noi assieme a Lui, assieme agli altri possiamo portare cambiamenti?
La credibilità del cristiano sta nel modo con cui partecipa all'impegno di promozione dell'unità, della giustizia e della pace.
Tutto dipende da noi, dalla disponibilità che diamo a Dio nella nostra vita, se ci lasciamo invadere dallo Spirito innovatore; Lui è la creatività di Dio. L'amore del Padre e del Figlio ci suggerirà piste nuove.

Itinerario di solidarietà

Noi possiamo veramente fare qualcosa?
Che cosa?
Ho pensato di vedere in concreto su che cosa possiamo intervenire e mi sono accorta come ci siano tante possibilità, attorno a noi e anche lontano da noi.
Un primo atto di giustizia che coinvolge ogni credente è l'impegno di passare la fiaccola della fede ai nostri figli, ai nipoti, a tutti.
Riflettiamo sulla fame di significato che si portano dentro le giovani generazioni.

Se guardiamo ai giovani, molti dei quali attendono solo il sabato sera per andare in discoteca, ci accorgiamo della loro assenza di significato di vivere, quello che è stato definito da Cesare Pavese "Il vizio assurdo" il mal di vivere, ed è per questo motivo che è scoppiata la piaga della droga (è in aumento anche durante il week-end tra professionisti) e sono in

crescita negli ultimi anni i suicidi tra i giovani, il suicidio come traguardo di vita.
Fanno scalpore sempre i vari suicidi dei giovani morti sotto i treni, impiccati, ma la cosa drammatica è il voler giocare la propria vita con una indifferenza incredibile.
Anni fa un ragazzo ha detto in una trasmissione che lui amava il brivido e rischiava spesso la vita in modo singolare. Prendeva la macchina, posteggiava vicino al grande raccordo anulare a Roma, prendeva un grosso scatolone, lo metteva nella corsia di sorpasso e si nascondeva dentro, sentiva le macchine passargli vicino e viveva momenti di rischio emozionandosi moltissimo.
La presentatrice, davanti a questo racconto ha chiesto se aveva paura di morire; il ragazzo ha detto di no. Poco dopo ha telefonato in diretta un ragazzo dicendo che abitualmente quando incontrava una scatola sulla strada lui ci passava sopra.
Quel ragazzo disposto a rischiare la vita è uno spaccone? O fa parte di coloro che dichiarano apertamente di non aver nessun motivo valido per vivere, neppure l'ambizione di un lavoro interessante, di un matrimonio, tanto loro bruciano le tappe subito; perciò innamorarsi, sposarsi, avere dei figli, spesso non è più uno stimolo per vivere. Nel cuore dei giovani si è spezzato qualcosa, hanno fame e sete di relazioni, di amicizia e invece vivono la solitudine completa in un circolo vizioso dal quale non riescono più ad uscire.
Pensiamo ai giovani che spesso diventano dipendenti dai social, sono sempre connessi, ore ed ore al giorno, in USA gli definiscono gli "eremiti social", in Giappone li conoscono come gli "Hikikomori", sono i nuovi drogati.
Dicono gli studiosi del fenomeno giovanile che il 90% dei giovani non hanno nessuna persona di riferimento. Perciò quale ruolo hanno i genitori?
Nella vita di ogni uomo che viene al mondo c'è il mistero della vita e della morte.
Nasciamo e moriamo indipendentemente dalla nostra volontà.
Noi che siamo credenti sappiamo che il senso della vita è Gesù Cristo!
Se l'abbiamo capito, se lo sentiamo dentro di noi, dobbiamo per senso di giustizia aiutare anche gli altri a capirlo.
Ed è appunto nell'età dell'adolescenza che si abbandona la Chiesa, Dio.

Loredana aveva 14 anni quando entrò in crisi di significato, tutto le sembrava inutile, senza senso, eppure per tanti anni era stata contenta della sua vita semplice, l'unica soluzione a cui era approdata sembrava l'ipotesi del suicidio, leggeva libri di filosofia, qualcosa che potesse dare significato alla sua esistenza, ma non ci riusciva. Viveva con il padre, un violento, lo vedeva picchiare continuamente sua madre.
Da quella sofferenza scattò qualcosa: entrò nel mistero di Dio, non sa come, non è mai riuscita a spiegarselo, ma intuì che solo Lui, l'uomo dei dolori poteva dare significato alla sua vita.
"Fu come una illuminazione, - racconta -, non so in quale modo, ma capii che avevo qualcosa da fare nel mondo, perché tutti hanno un progetto da realizzare, lo devono solo scoprire. Ora anch'io ho nella carovana del mondo un posto".
Chi ha scoperto il senso della vita deve dare testimonianza agli altri, perché altri ci hanno evangelizzato.
I giovani non vogliono ascoltare prediche su Dio, ma capire l'amore. Diamo ali al loro futuro!
Costruiamo significati di vita attorno a noi.
Ritornando a quella ragazza, Loredana, quando scoprì Dio si chiese:"Cosa devo fare Signore per Te e per gli altri?"
Capì di essere fatta per consacrarsi a Dio.
Giovanissima lasciò la sua casa ed entrò in comunità e da allora sono passati molti anni, è una donna felice, molto felice, lei stessa si stupisce di esserlo, un giorno mi ha detto: "Dopo aver detto di si al Signore non ho mai avuto paura di nulla, la mia vita ha un senso, dillo ai giovani perché capiscano e possano scegliere".
Non possiamo passare la fiaccola della fede agli altri, come si fa con un giornale, lo possiamo fare solo se si ha una fede solida e si è scoperto il senso del vivere, solo allora possiamo coinvolgere i giovani e i diversamente giovani.

Aiutiamo i giovani a riflettere affinché scoprano Dio. Non lasciamo vuoto questo spazio del nostro essere testimoni, facciamo capire loro che solo Dio può liberare l'uomo, se le grandi idee del passato trovano ancora seguaci, Marx, Freud, Gandhi e tanti altri, non può la grande idea di Gesù avere spazio nel cuore dei giovani?

Che cristiani siamo se non parliamo a loro di Lui?
Per fortuna oggi esistono molti testimoni di Gesù!
Perché?
Perché hanno sperimentato che Lui riempie di significato la vita, perché Lui è il vivente.

Nel Vangelo Gesù, presenta chiaramente cosa dobbiamo fare.
Il suo progetto d'amore, di solidarietà, di accoglienza, lo troviamo leggendo e meditando la nota parabola del Samaritano (Lc.10). È una delle più belle parabole riportate nel Vangelo. Un uomo incontra i briganti e quelli lo spogliano, lo picchiano e_fuggono lasciandolo gravemente ferito sulla strada.
Il primo a passare è un sacerdote, un maestro in Israele si potrebbe dire, di quelli che non solo leggono il Torah, ma ne conoscono interi capitoli a memoria. Osservante di tutte le prescrizioni mosaiche, uno che conosceva bene la legge di Dio e in teoria stava dalla Sua parte.
Vede quell'uomo per terra, invece di fermarsi a soccorrerlo, attraversa la strada per evitarlo; oltre che rifiutarlo con il cuore, lo fa anche con il corpo; davanti alle sue ferite fugge.
Il secondo è un levita, anche lui uomo di Dio, vede il malcapitato ai bordi della strada, ma passa oltre. Questo modo di comportarsi succede spesso anche ai cristiani oggi, vedono certe situazioni e fingono di non vedere perché è più facile, sembra che abbiano il motto: "Tacere per non compromettersi".
Basti pensare alle persone picchiate, scippate sulla strada dove nessuno interviene a difendere l'altro per paura. Poco tempo fa una ragazzina è stata molestata in pullman, mentre da scuola tornava a casa, da un gruppo di ragazzi; nonostante le sue urla nessuno l'ha difesa, neppure l'autista.
E se succedesse a noi?
Quanti cristiani esistono solo formalmente?
Il Vangelo invece interpella ad un impegni radicale e non possiamo fare a meno di sentirci stimolati ad agire.
Il terzo uomo che passa è un samaritano (ritenuto uno straniero ed eretico).
Gesù nel Vangelo cita alcune volte i samaritani, lodandoli.
Il samaritano dunque "passandogli accanto lo vide e ne ebbe compassione".
Com'è bello questo incontro, che chiamerei del cuore, con lo sconosciuto.

Si avvicina, non chiama l'ambulanza, non ci sono piazzole di soccorso su quel viottolo, per chiamare qualcuno, non compone il 113 con il suo cellulare, ma scende dalla sua giumenta, interviene direttamente, guarda le ferite, lo medica con le cose che ha con sé: olio e vino, lo carica sulla sua cavalcatura, lo porta al primo albergo che trova e "si prese cura di lui", si impegna perché guarisca.
Si ferma un giorno, toglie tempo ai suoi impegni, poi prima di ripartire, si preoccupa che l'albergatore continui a curarlo, e dice: "Abbi cura di lui"; non potendo più fermarsi chiede ad un altro di continuare la sua opera, però si impegna con una offerta in denaro e dichiara disposto a pagare al suo ritorno se il locandiere dovrà subire nuove spese.
Per coloro che vogliono impegnarsi, questa parabola è un programma di vita: che possiamo integrare con altre parole di Gesù:
"Io ho avuto fame e mi avete dato da mangiare, ho avuto sete e mi avete dato da bere, ero forestiero e mi avete ospitato, ero nudo e mi avete vestito, malato e mi avete curato, carcerato e siete venuti a trovarmi".

La chiesa e la solidarietà

Quando S. Giovanni XXIII scriveva la sua enciclica "Mater et Magistra", più di 50 anni fa, in Italia si viveva in pieno boom economico; il suo pensiero di aiutare lo sviluppo dell'uomo nella società è stato ripreso da S. Giovanni Paolo II nella "Sollicitudo rei socialis" che spinge ad un servizio di solidarietà che dovrebbe impegnare popoli e nazioni anche non accomunate da una vicinanza geografica o da affinità storiche. La solidarietà non è un vago sentimento di compassione o di superficiale intenerimento per i mali di tante persone vicine e lontane, ma è lotta per i diritti, perché si realizzi la giustizia!
Se leggiamo il catechismo della Chiesa Cattolica sul tema della giustizia e della solidarietà troviamo molti input per impegni di concretezza:

- Le nazioni più ricche sono tenute ad accogliere, nella misura del possibile, lo straniero alla ricerca della sicurezza e delle risorse necessarie alla vita, che non gli è possibile trovare nel proprio Paese d'origine.
- L'accesso al lavoro e alla professione deve essere aperto a tutti, senza ingiusta discriminazione.

È interiorizzare il nostro pensare in sintonia con il pensiero di Gesù, è difficile perché la società non spinge a vivere nella dimensione cristiana, anzi!
Non possiamo rivoluzionare il mondo, ma possiamo fare molto, educarci ad educare chi sta' accanto a noi.

Cosa intendiamo per solidarietà?

Negli anni nel nostro linguaggio sono entrate molte espressioni nuove: solidarietà, opzione fondamentale per i paesi poveri, condivisione, incarnazione.
Certi termini sono inflazionati perché ripetuti continuamente e diventano vuoti di significato.
Riguardo la solidarietà, se leggiamo dal punto di vista civile il 3° articolo della Costituzione italiana, una delle più avanzate del mondo, leggiamo: "Rimuovere gli ostacoli di ordine economico e sociale, che limitando di fatto la libertà e l'eguaglianza dei cittadini, impediscono il pieno sviluppo della persona umana e l'effettiva partecipazione di tutti i lavoratori all'organizzazione politica, economica e sociale del Paese".
Come vediamo la solidarietà è scritta nella nostra Costituzione e dovrebbe essere alla base del nostro impegno come cittadini, in realtà è spesso una Costituzione solo sulla carta.
Come tra i cristiani notiamo una frattura tra Vangelo e vita, troviamo la stessa frattura tra Costituzione e vita reale. Ma perché?
Ma l'uomo è solo un teorico, un parolaio? È solo un teorico del Vangelo?
Cosa intendiamo noi per solidarietà, parità, condivisone?
È possibile realizzare una società solidale? Si, ma bisogna iniziare da noi per coinvolgere altre persone, le idee, le proposte si comunicano e si trasmettono se sappiamo farlo con convinzione ed entusiasmo. Se guardiamo accanto a noi vediamo molti problemi!
Uno dei più gravi è l'immigrazione, è giusto che gli immigrati vengano da noi?
Su questo tema c'è molta intolleranza anche da parte dei credenti. Papa Francesco ribadisce spesso l'importanza dell'accoglienza, ultimamente ha ribadito di "accoglierli con la virtù della prudenza, senza minacciare la nostra identità". (26-09-2018)

Centri di accoglienza alla vita

Sostenere in qualche modo i centri di accoglienza alla vita. Ci sono molte persone che si trovano a vivere gravidanze indesiderate e perciò possiamo essere presenti in qualche modo con l'aiuto diretto attraverso impegni di tempo o di denaro.
Naturalmente possiamo sempre creare attraverso la parola, la cultura per la vita, parlando in modo positivo della maternità; mai scandalizzarsi qualsiasi cosa noi ascoltiamo, far vedere il positivo, esprimere sempre atteggiamenti di misericordia e di tenerezza.

Donazione degli organi

Tutti siamo a conoscenza della evoluzione compiuta dalla scienza in questi anni su trapianti, molti sono gli ospedali autorizzati dall'espianto degli organi: occhi, cuore, fegato, reni, ecc. Negli anni '60 si era molto discusso della donazione della cornea di don Carlo Gnocchi, il primo donatore italiano. I giornali avevano dato molto risalto a quell'atto di generosità, nacquero le prime associazioni che raccoglievano le persone disposte a fare le donazioni.
Ultimamente si sta parlando sempre più di aiutare gli ammalati, ma i donatori sono sempre pochi in confronto a chi lotta per la vita, in attesa della morte di un altro per vivere.
Perché non fare noi oggi la donazione degli organi come scelta di solidarietà!
Non è forse splendido sapere che altre persone potranno vivere con un po' di noi?

Commercio equo e solidale

Oggi si parla molto di commercio equo e solidale, questi negozi nascono un po' ovunque in piccole o grandi città, sono gestiti da laici e religiosi che cercano di far capire l'importanza di acquistare prodotti provenienti da cooperative dei paesi sottosviluppati senza intermediazione delle multinazionali; i costi sono più alti degli altri in commercio, ma permettono di aiutare e sviluppare un modello economico diverso da quello attuale, consentendo di aumentare i posti di lavoro nei paesi di origine.

Usura

Conosciamo i problemi dell'usura, persone che si sono suicidate a causa degli usurai e poi anni fa' finalmente è stata varata la legge antiusura. Un impegno di solidarietà: dare una mano a coloro che sono entrati nel tunnel degli usurai. Già nell'etica dell'Antico Testamento vi era per gli ebrei varie disposizioni giuridiche: tra le quali il divieto di prestare denaro per interesse e di trattenere pegni.

Risparmio alternativo – Banche etiche

Ci sono molte persone che dopo aver depositato i soldi in banca (abbiamo tutti più o meno qualche risparmio), non si interessano più di come vengono utilizzati quei soldi, prendono il tasso di interesse pattuito e basta. Spesso quel denaro viene utilizzato dalle banche per obiettivi che la coscienza cristiana non può accettare:

- finanziamenti per fabbriche di armi
- sostegno ai regimi di indirizzo razzista ed antidemocratico
- attività legate a gruppi mafiosi o attività criminali.

Sono nate alcune banche chiamate etiche che operano nel settore di programmi socialmente utili; si possono quindi investire i risparmi per aiutare i progetti di solidarietà che altrimenti non sarebbero finanziati.
Naturalmente il risparmiatore non ci rimette nulla, perché riceve per il deposito il tasso corrente dato dalle altre banche

Boicotaggio

È una scelta improntata da una politica di azione non violenta che consiste nel boicottare alcuni prodotti di una o più ditte che operano in modo ingiusto nel nostro paese o in altri sfruttando gli operai pagandoli a bassi salari.

Obiezione fiscale alle spese militari

Chi è pacifista non può permettere che una parte delle tasse serva allo Stato a finanziare progetti militari (nel 2018 in Italia sono stati spesi ben 35 miliardi, il 4% in più del 2017).

Le opere di misericordia

Si può fare molto per gli altri e tutti in qualche modo possiamo impegnarci; il cristianesimo è difficile da vivere è uno stile da assumere che deve coinvolgere tutti i settori della vita, perciò operare nelle varie iniziative proposte è molto importante., sono le nuove opere di misericordia, ma non dobbiamo scordare quelle spirituali, e che oggi, purtroppo sono un po' trascurate.
Opere di tenerezza e di compassione dovrebbero essere definite, sono le azioni caritatevoli con le quali soccorriamo il nostro prossimo nelle sue necessità spirituali: istruire, consigliare, consolare, confortare, come perdonare e sopportare con pazienza.
Le opere di misericordia corporale consistono nel dare da mangiare a chi ha fame, nell'ospitare i senza tetto (guai ai cristiani che hanno alloggi vuoti!), nel vestire chi ha bisogno di indumenti, nel visitare gli ammalati, i prigionieri, nel seppellire i morti.
In concreto cosa possiamo fare?

BEATI I MISERICORDIOSI PERCHÉ OTTERRANNO MISERICORDIA

Chi è l'uomo misericordioso?

Papa Francesco ha indetto dal giorno dell'Immacolata del 2015 a novembre 2016 il Giubileo straordinario della misericordia, in una omelia ha detto che aveva spesso pensato di dedicare un periodo di riflessione su questo tema perché la Chiesa potesse esprimere la misericordia: "è un cammino che inizia con una connessione spirituale… è un dono di Dio, forza che tutto vince…"

Vediamo come ogni beatitudine è conglobata in un'altra e tutte assieme sono il progetto da realizzare per vivere il Vangelo.

Questa beatitudine della misericordia è espressa solo da Matteo che ha scritto il suo vangelo per comunicare l'ideale della vita cristiana.

Chi è l'uomo misericordioso?

È uno che segue le tracce di Gesù, il quale ha vissuto in modo integrale la misericordia e l'ha espressa in una frase molto bella, ma impegnativa "Siate misericordiosi, com'è misericordioso il Padre vostro" (Lc. 6,36)

Gesù è venuto nel mondo per portarci la misericordia e compassione per l'uomo".

Leggiamo in (Mt. 9,36) "Quando vide quelle moltitudini ne ebbe compassione, perché erano stanche ed abbattute come pecore senza pastore".

E ancora: "Quando sbarcò vide una grande folla e ne provò misericordia e guarì i loro malati" (Mt. 14,14).

Esprime in modo particolare la sua immensa misericordia nella parabola del figlio prodigo: "Mentre era ancora lontano ebbe misericordia" (Lc. 15,20).

Il termine greco "misericordia" corrisponde ad un vocabolo ebraico che significa la tenerezza materna ed è usato per spiegare la misericordia divina.

Una risposta data dal Signore ai farisei fa riflettere molto: "La misericordia vale più di tutti i sacrifici"(Mt. 9,13 – 12,7) e (Os. 6,6).

Nell'Antico Testamento troviamo molte citazioni riguardo la misericordia, in Ger. 9,22-23 leggiamo:

“Così dice il Signore: Non si vanti il saggio della sua saggezza e non si vanti il forte della sua forza, non si vanti il ricco delle sue ricchezze. Ma chi vuole gloriarsi, di questo si glori, di avere senno e di conoscere me, perché io sono il Signore che agisce con misericordia, con diritto e giustizia sulla terra; di queste cose mi compiaccio”.
“Il profeta Osea – scrive il Cardinale Saldarini – in una stupenda sintesi di quella morale positiva che è il frutto più bello di tutta la predicazione profetica, propone la bontà misericordiosa come costituzione essenziale del bene”.
Nell’Antico Testamento viene rappresentata la misericordia come condizione per ottenere il perdono dei peccati, mentre la minaccia del giudizio e di condanna da parte di Dio contro coloro che non usano misericordia. Troviamo in Mt. 7,1-2 una espressione significativa di Gesù:
“Non giudicate per non essere giudicati, perché con il giudizio con cui giudicate sarete giudicati, e con la misura con cui misurate, sarete misurati”.
C’è una parabola, quella del servo senza cuore (Mt. 18,23-25) che dovrebbe fare scuola:
“Il regno dei cieli è simile a un re che volle fare i conti con i suoi servi. Incominciati i conti, gli fu presentato uno che gli era debitore di diecimila talenti. Non avendo però costui il denaro da restituire, il padrone ordinò che fosse venduto lui con la moglie, con i figli e con quanto possedeva, e saldasse così il debito. Allora quel servo, gettatosi a terra, lo supplicava: “Signore, abbi pazienza con me e ti restituirò ogni cosa”. Impietositosi del servo, il padrone lo lasciò andare e gli condonò il debito. Appena uscito, quel servo trovò un altro servo come lui che gli doveva cento denari e, afferratolo, lo soffocava e diceva: “Paga quel che devi!”. Il suo compagno gettatosi a terra, lo supplicava dicendo: “Abbi pazienza con me e ti rifonderò il debito”. Ma egli non volle esaudirlo, andò e lo fece gettare in carcere, fino a che non avesse pagato il debito. Visto quel che accadeva, gli altri servi furono addolorati e andarono a riferire al loro padrone tutto l’accaduto. Allora il padrone fece chiamare quell’uomo e gli disse: “Servo malvagio, io ti ho condonato tutto il debito perché mi hai pregato. Non dovevi forse anche tu aver pietà del tuo compagno, così come io ho avuto pietà di te?”. E sdegnato, il padrone lo diede in mano agli aguzzini, finché

non gli avesse restituito tutto il dovuto. Così anche il Padre celeste farà a ciascuno di voi, se non perdonerete di cuore al vostro fratello".
Vediamo come il servo chiede al re di avere pazienza con lui, promette la restituzione del debito, questi dimostra la sua misericordia non solo lasciandolo andare, ma condonando il debito.
Non possiamo far altro che ammirare il buon cuore del re, il quale passa dalla vendetta di togliergli la sua libertà, volendo venderlo con sua moglie e i figli, poi cambia idea.
Cosa gli fa cambiare opinione?
La commozione davanti a quell'uomo che lo supplica, il re cede alle sue richieste e lo lascia libero.
Di fronte a questo episodio possiamo pensare alla gioia del servo: non aveva debiti, tutto il suo problema era risolto. Ma la scena del racconto cambia improvvisamente: appena esce dall'incontro con il re e vede un altro servo al quale aveva imprestato 100 denari, cosa ci si aspetta da lui? Vederlo rifare lo stesso gesto di misericordia che aveva appena vissuto. E invece egli assume un atteggiamento violento, "prende l'altro per il collo e quasi lo soffocava" si legge nel testo di Matteo. Il suo compagno si butta per terra, come aveva fatto lui poco prima, ripete le stesse parole: "Abbi pazienza con me".
Ma lui fa una cosa incredibile: lo fa arrestare.
Com'è corta la sua memoria!
Era stato perdonato, aveva rischiato di perdere la sua libertà con tutta la sua famiglia, ma lui è senza misericordia, pensa solo alla giustizia.
Sappiamo tutti il finale: quando il re viene a sapere l'episodio lo fa arrestare.
E Gesù termina la parabola:
"E così farà anche il Padre vostro celeste a ciascuno di voi se non perdonerete di cuore a vostro fratello".
Questa parabola era stata preceduta da una richiesta di Pietro: "Se mio fratello pecca contro di me, quante volte dovrò perdonarlo? Fino a sette volte?" (Mt. 18,21-22).
Gesù dà una risposta molto forte a Pietro, e anche a noi: "Perdonare fino a settanta volte sette", che non vuol dire 490, ma nel linguaggio evangelico vuol dire sempre.

È un invito a perdonare, a dimenticare tutto, riammettere nel nostro cuore colui che ci ha ferito, come se niente fosse accaduto.
Ci sono temi di meditazione che piacciono perché scaldano il cuore, ma in realtà ci lasciano come siamo, altri che ci coinvolgono, perché invitano al cambiamento e quello qui considerato è uno di questi. In Mt 25,31-36 leggiamo come alla fine della vita l'uomo sarà giudicato sull'amore e in Os. 6,6 troviamo le richieste del Signore: "misericordia e non sacrificio, io voglio la conoscenza di Dio più che gli olocausti".
Dove si esprime la misericordia di Dio nella nostra vita?
In molti modi, il primo attraverso il sacramento della riconciliazione. Il sacerdote nel nome di Gesù esprime la sua misericordia liberandoci dai peccati. Dio perdona continuamente perché non cessa mai di amare: anche l'uomo quando riceve un'offerta, se ama veramente, copre tutto con l'amore e diventa capace di misericordia nei confronti dell'altro.
Gesù ha portato nel mondo la misericordia di Dio e ci invita a fare come ha fatto lui. Pensiamo a quanto è stato misericordioso Gesù nei confronti dell'uomo, se ha inventato il sacramento del perdono per tutti e per ogni peccato. E dopo l'incontro attraverso il Sacramento della riconciliazione ci dona la pace e ci permette di ricominciare il cammino spirituale.
A Torino cinquant'anni fa c'era un sacerdote Salesiano ritenuto da molti un Santo: Don Carlo De Ambrogio, noto scrittore e direttore di "Meridiano 12", egli passava molte ore della sua giornata in confessionale. Esprimeva la tenerezza e l'amore di Gesù attraverso questo sacramento.
Sapeva ascoltare, indirizzare ma soprattutto faceva toccare con mano la misericordia, al temine della confessione, ogni volta diceva al penitente:"adesso vai la tua anima è più bianca della neve, perché Dio ha perdonato tutto e ti ama!".
Quante volte ci dice Gesù: "Così vi dico, ci sarà più gioia in cielo per il peccatore convertito, che per novantanove giusti che non hanno bisogno di conversione" (Lc. 15,7).
Com'è bello questo versetto che ci parla di gioia e di esultanza in cielo per un peccatore pentito.
Dio è la misericordia, la misericordia infinita del Padre! Lasciamoci invadere da questa misericordia infinita del Padre, perché guarisca le ferite della vita e quella parte di noi che non sa amare.
Dio ci ama! Sempre! Continuamente!

Se non abbiamo ancora fatto l'esperienza della misericordia di Dio da sentirci profondamente perdonati, chiediamogli: di trasformare il nostro cuore. Qualcuno di noi avrà conosciuto qualche giovane un po' difficile, poi avrà saputo del suo improvviso cambiamento. Si dice: "Ha messo la testa a posto, quella donna lo ha cambiato", è stato trasformato perché l'amore cambia, perché l'amore guarisce. E se può farlo una donna trasformando una vita infondendo coraggio, sicurezza, forza di vivere, pensiamo cosa può fare Dio per la sua creatura!
Chiediamo di scoprire questo amore in maniera nuova perché veramente ci trasformi! Quando facciamo un esperienza d'amore, ci sentiamo diversi, sentiamo il nostro cuore trasformarci, avere nuove energie, vedere i colori più brillanti, diventiamo capaci di rapportarci agli altri con una maggiore capacità d'accoglienza.
Più abbiamo fatto l'esperienza di Dio, del suo amore, della sua misericordia, più diventiamo capaci di misericordia.
Se invece ci sentiamo continuamente critici nei confronti degli altri, se guardiamo con gli occhiali neri gli avvenimenti, allora chiediamoci se abbiamo veramente sperimentato la sua misericordia, o se dobbiamo dirci sottovoce che "non sappiamo neppure cosa sia".
La misericordia è l'amore e la tenerezza di Dio.
Nella Bibbia come Javhé sia il misericordioso per eccellenza "lento nella punizione e grande nell'amore".
Nella lingua ebraica, per esprimere questo tipo particolare di amore, si dice "viscere di misericordia", questo grande amore di misericordia diventerà HESED, che significa amore, misericordia, tenerezza e amicizia per l'uomo.
Riguardo al tema della misericordia, Paul Claudel ha scritto che essa non è solo un dono del sovrappiù, ma una passione vera. Per capire meglio il suo significato dovremmo leggere e meditare le parabole della misericordia; la pecorella perduta, la dracma perduta, il figliol prodigo, solo per citarne alcune.
C'è una frase di Silvano, monaco del Monte Athos, molto bella: "Il Signore è misericordioso, la mia anima lo sa, ma non può descriverlo con le parole, Egli è infinitamente dolce e umile, e se l'anima lo vede, si trasforma in Lui, diventa tutta amore per il prossimo, e si fa essa stessa umile e dolce".

Questa beatitudine assieme a quella degli operatori di pace è una delle beatitudini dell'amore verso il prossimo. La misericordia di cui parla il Signore non è solo legata alla sensibilità di una persona di buon cuore, che si lascia intenerire dal bisogno di un'altra persona, ma il testo evangelico presenta un certo modo di agire e di comportarsi nei confronti degli altri.
La beatitudine ci avverte che Dio misurerà per noi con la misura di cui ci saremo serviti per gli altri (Mt. 7,2)
Essere misericordioso significa esprimere misericordia, come si legge nella conclusione della Parabola del Buon Samaritano (Lc. 10,37).
Uno dei paralleli migliori a questa beatitudine nel Nuovo Testamento si trova nella lettera di Giacomo: "Il giudizio di Dio sarà senza misericordia per chi non avrà usato misericordia".
Questa è un'espressione dura, senza mezzi termini, è un invito continuo ad esercitare il dono della misericordia.
Conosciamo la difficoltà per viverla, ma difficoltà o no siamo chiamati a diventare operatori di misericordia ovunque ci troviamo. Forse è più facile esserlo con gli estranei "*una tantum*" che ogni giorno con le persone che ci sono vicine.

Chi sono i misericordiosi oggi?

Sono le persone capaci di misericordia e d'amore verso gli altri.
Un esempio conosciuto da tutti riguarda Santa Madre Teresa di Calcutta, definita da un giornalista "la matita di Dio", una definizione molto bella, perché la matita è uno strumento indispensabile per scrivere, se non viene usata da qualcuno, da sola non può fare nulla, invece quando viene usata, è docile: così lei è stata docile al progetto di Dio.
È una delle persone che ha incarnato la misericordia di Dio negli ultimi anni, alcuni anni fa sono stata a Calcutta: sono andata nella casa dei moribondi fondata da lei. È un piccolo fabbricato di due piani nel cuore della città, vicino a un grande tempio indù: qui vengono ospitati uomini e donne che le sue figlie raccolgono ogni giorno sulle strade, di quella città immensa dove ne muoiono decine al giorno per denutrizione e per malattie.
Molti di loro quando sentono di essere in procinto di morire, si trascinano in quella casa.

In essa ci sono due grandi saloni con piccole brandine ricoperte di tela cerata azzurra, molti dei ricoverati non hanno mai avuto un letto e per la prima volta fanno questa esperienza. Sono curati con amore: chi non può mangiare in modo autonomo, viene imboccato dalle suore o dai volontari.
Ho incontrato volontari provenienti da tutto il mondo, ho lavorato accanto ad una volontaria giapponese e ad una studentessa in medicina di Milano, tutti erano là per vedere e fare esperienza di misericordia.
Tutti attratti da Madre Teresa, Premio Nobel per la pace, una piccola suora albanese, arrivata in India giovanissima che, per molti anni ha insegnato in una scuola. Poi guardandosi attorno, capì che doveva fare un'altra scelta e dedicarsi a chi moriva sulla strada.
Così lasciò il suo istituto e iniziò assieme ad alcune sue allieve a girare per i sobborghi di Calcutta, un vero inferno. In seguito fondò le Missionarie della Carità, istituto che oggi conta alcune migliaia di suore. In quella casa si vedono corpi talmente magri da riuscire a vedere le ossa, le loro piaghe vengono lavate e attraverso tanti gesti di compassione, si sentono amati. Quanto amore ho visto in quelle persone, non tutti i volontari sono cristiani, ma tutti esercitano la misericordia.
Un po' più lontano c'è un'altra casa, si chiama la casa del Bambini "SISHU BAHUAN". Vicino ad essa, c'è un grande edificio, la Casa Madre dell'istituto, dove ho incontrato Madre Teresa per un breve colloquio.
Era ormai molto anziana, consumata dal lavoro e dalla preghiera e aggiungerei dalla misericordia. Era diventata ancora più piccola, i dolori provocati dall'artrosi le avevano deformato i piedi, camminava spesso a piedi nudi.
Parlandole assieme ci si accorgeva di trovarsi davanti la misericordia in persona. La Casa dei bambini è ancora più impressionante dei moribondi: nei vari lettini ci sono bambini con vari tipi di handicap; quando sono arrivata era l'ora delle visite e c'erano molte persone indiane benestanti che portavano denaro e vestiti. Nel cortile sottostante una folla urlante chiedeva da mangiare, altri attendevano in fila le medicine, le suore parlavano con calma, donavano un piatto di riso, ma era l'amore e la misericordia che passava attraverso le loro mani.
Se mi chiedessero dove ho visto nel mondo la misericordia direi senz'altro a Calcutta, ma sbaglierei, perché milioni di persone nel mondo esprimono la misericordia di Gesù.

Mi viene in mente un episodio a cui ho assistito quando ero piccola e andavo ogni mattina a Messa. Incontravo sempre una ragazzina che passava da una vecchietta per pettinarla; la vecchietta era molto sporca, con le croste che le deturpavano il viso perciò, tutti la scansavano impauriti; essa viveva in un tugurio, umido e malsano poco distante dalla Chiesa e la ragazzina andava a fare quel servizio per Gesù.
Sono testimonianze che fanno bene al cuore e stimolano a ripetere gli stessi gesti. Noi siamo Madre Teresa, ma possiamo esprimere gesti di misericordia, qui nella nostra città, in tanti modi.
Ho la certezza che ognuno, in segreto, ha il suo modo di essere misericordioso con gli altri.

- Come esprimo in concreto la misericordia di Dio?
- Dove mi trovo, nell'ambiente di lavoro, come esprimo questa misericordia?
- Con chi sono misericordioso?
- Da dove parte questa mia misericordia?
- Cosa posso fare di più nella situazione in cui vivo?

È sempre possibile fare un passo in più, se lo vogliamo, e credo che siamo in molti a desiderare di percorrere la strada delle beatitudini per amore di Colui che continuamente ci esprime la sua misericordia!
Chiediamo che Dio ci aiuti in questo cammino!

BEATI I PURI DI CUORE PERCHÉ VEDRANNO DIO

L'argomento della purezza di cuore non è un tema facile, cosa significa questa beatitudine?
Significa lottare contro il male con coraggio e non lasciarsi mai influenzare da nulla che porti in qualche modo al male.
Nel mondo e in particolare in quello giovanile si pensa che tutto sia permesso, tutto sia possibile, il criterio di base è "il piacere non è mancanza, non è peccato".
La coscienza è in molti sommersa sotto le emozioni, e se osa far sentire il suo disagio (esiste sempre la coscienza naturale in ogni uomo) viene messa a tacere con: "Tutte storie da prete". Sembra quasi che la gente non sente più nessuna voce, tutto è lecito sempre, e la frase "non faccio male a nessuno" sia diventata la filosofia dei più.
Nei capitoli precedenti abbiamo visto come il male esiste, lo tocchiamo con mano ogni giorno, possiamo a volte dire che ci siamo abituati. Vedere il male dovrebbe essere di stimolo alla nostra conversione e spingerci a una maggiore fedeltà al Signore!

Guardiamoci con coraggio ed interroghiamoci:

- Qual è il mio male segreto?
- Le passioni che tengo nel cuore?

Nessuno si creda esente dal male delle passioni: se abitualmente critico, se abitualmente influenzo gli altri in modo negativo, se mi lascio prendere la mano e il mio rapportarmi agli altri è solo l'esaltazione di me stesso, o se rientro nel gruppo di coloro che per male intendono "fare una rapina in banca o uccidere".
All'esterno siamo tutte persone per bene, come sono dentro?
Quali sono le lotte e il combattimento che intraprendo per essere fedele al Signore Gesù?
Quando Gesù sulla montagna ha parlato alla folla delle Beatitudini quale nuovo stile di vita proponeva?
Nella Bibbia il cuore è simbolicamente il centro della vita interiore, è la sede del pensare e le mani lo strumento dell'operare. Se leggiamo Mt. 15,17-20 ci accorgiamo come sia vero: "Non capite che tutto ciò che entra

nella bocca passa nel ventre e va a finire nella fogna? Invece ciò che esce dalla bocca proviene dal cuore".
Questo rende immondo l'uomo.
Dal cuore, infatti, provengono i propositi malvagi, gli omicidi, gli adulteri, le prostituzioni, i furti, le false testimonianze, le bestemmie.
Queste sono le cose che rendono immondo l'uomo, ma il mangiare senza lavarsi le mani non rende immondo l'uomo.
Quando da bambina ascoltavo questa Parola durante la Messa, non riuscivo mai a capirla, ma essa è veramente significativa perché è dal cuore e dall'intelligenza che vengono elaborate le cattiverie.
Nel Salmo 24,7 possiamo trovare molte risposte.

"Chi salirà il monte del Signore, chi starà nel suo luogo santo?
Chi ha mani innocenti e cuore puro,
chi non pronuncia menzogna, chi non giura a danno del suo prossimo".

Noi siamo veramente in salita verso il monte santo del Signore? O preferiamo camminare su strade asfaltate dove il piede cammina leggero? Salire non è facile, a volte ci vuole uno sforzo, è necessaria una sosta. Chi ama la montagna sa come, dopo la fatica della salita potrà sostare a godere un cielo più azzurro e un panorama più limpido.
Nonostante la montagna attiri e affascini molto, sono una minima parte coloro che decidono di intraprendere percorsi lunghi e difficili. Gli altri, la maggioranza, si accontentano di dire:
"È bello. Ma non fa per me, mi stancherei troppo".
Chi fa questi discorsi, dal punto di vista spirituale ha capito poco: se non saliamo con fatica la montagna, non vedremo Dio.
Ma chi può salire?
"Chi ha mani innocenti e cuore puro" e ancora come scrive Gc. 4,8: "Avvicinateci a Dio ed Egli si avvicinerà a voi, lavate le vostre mani, o peccatori, purificate i vostri cuori, o anime divise".
Questi sono i bagagli da portare per intraprendere il viaggio? Abbiamo le mani innocenti? Cosa fanno le mani?
Possono rubare e donare, accarezzare e picchiare, lavorare o rifiutarsi di farlo.

Noi in quale situazione ci mettiamo?
Se non si tenta di realizzare le beatitudini, il cammino spirituale è solo una bella teoria.
Abbiamo il coraggio di andare in profondità e capire come dentro di noi ci sia il male in agguato?
Non basta dire: sono peccatore, sono solo delle parole generiche. Mi devo anche interrogare, mi sento un peccatore?
Essere nella situazione di peccato è essere contro Dio. Dove, durante le mie azioni, mi sento contro di Lui? Non devo avere paura delle mie contraddizioni, devo imparare ad essere consapevole della loro esistenza! Se non le vedo, non le combatterò mai.
C'è un Salmo molto bello, il Salmo 51, che in passato veniva recitato molto spesso e in varie occasioni.

"Pietà di me, o Dio, secondo la tua misericordia;
nella tua grande bontà cancella il mio peccato.
Lavami da tutte le mie colpe,
mondami dal mio peccato.

Riconosco la mia colpa, il mio peccato mi sta sempre dinanzi.
Riconosco la mia colpa, il mio peccato mi sta sempre dinanzi.
Contro di te, contro di te ho peccato.
Quello che è male ai tuoi occhi, io l'ho fatto;
perciò sei giusto quando parli,
retto nel tuo giudizio.

Ecco, nella colpa sono stato generato,
nel peccato mi ha concepito mia madre.
Ma tu vuoi la sincerità del cuore,
e nell'intimo m'insegni
la sapienza"

Lasciamoci avvolgere da questo salmo perché scenda nel nostro cuore e guarisca le nostre contraddizioni.
Possiamo fare un esempio per capire quanto sia importante meditare e vivere le beatitudini.

Si racconta che un giorno, un uomo andò da un maestro e gli chiese di imparare a meditare su Dio. Con saggezza questi gli suggerì alcune tecniche, ma dopo poco tempo l'uomo tornò amareggiato dicendogli di non essere in grado di farlo, perché, come si metteva a meditare, il suo pensiero era attratto dal suo animale preferito: il bufalo. Il maestro allora cambio tattica: "Adesso vai a casa e comincia a meditare sul tuo bufalo, poi verrai a dirmi il risultato".
Il giovane se ne andò un po' incuriosito, gli sembrava uno strano modo per essere avviato alla meditazione, ma, stimando il maestro, accettò. Una settimana dopo il maestro andò a trovarlo e gli chiese come stesse procedendo la sua meditazione. Il discepolo rispose: "Vi chiedo scusa se non posso uscire a salutarvi, ma non posso passare dalla porta a causa delle mie corna".
Il maestro non si impaurì da una simile risposta, anzi si mostrò contento.
"È splendido, figlio mio, ti sei identificato con l'oggetto della tua meditazione, ora puoi farlo con Dio e sarà tutto più semplice".
La purezza, intesa come integrità fisica, è un tema molto contestato dai giovani, che vogliono essere liberi da fare tutte le esperienze, specialmente nel campo dei rapporti prematrimoniali, anzi spesso inizia per questo motivo la loro crisi di fede.
La colpa di questa situazione è anche di noi adulti, perché non abbiamo insegnato loro abbastanza il significato di amore vero, ed essi non hanno ricevuto una educazione all'amore e alle relazioni profonde.
Questa beatitudine non intende solo la purezza del corpo, ma è soprattutto la purezza del cuore, molto difficile da vivere.
Ma in realtà cosa significa?
Significa imparare a guardare tutto con gli stessi occhi di Dio.
Questo porta ad un capovolgimento di ogni cosa: se guardiamo attraverso i Suoi occhi ci accorgiamo come tutto assuma una dimensione nuova.
È difficile questa beatitudine, significa vivere con un cuore puro, da poveri, distaccati dalle cose. Accettare le difficoltà della vita; vivere la mitezza, è vivere con il cuore puro.
Guardare tutto con gli occhi di Dio è un grande impegno!
Guardare le persone che abitano con noi con i Suoi occhi, vuol dire smettere di brontolare, ma vedersi con occhi nuovi ogni giorno.
Ci siamo mai chiesti come mai Dio non si stanchi di noi?

Non lo fa perché ogni giorno ci guarda con occhi nuovi, e perciò Lui dimentica subito tutte le nostre infedeltà.
Noi invece ci stanchiamo presto degli altri perché non sappiamo esaminare con i suoi occhi.
Gesù ha realizzato nella Sua vita le beatitudini ad una ad una, e noi suoi seguaci siamo chiamati a percorrere lo stesso cammino, e diventare icone che riflettono il mistero di Dio ai fratelli.
Un'estate, con altre persone, dopo gli esercizi spirituali, sono andata a visitare un monastero a Mugazzano vicino a Desenzano del Garda, dove abita una comunità di preti, in sostituzione dei monaci. Da anni organizza corsi per insegnare a dipingere le icone; il direttore in persona ci ha accompagnate in una grande sala piena di icone, alcune erano appena incominciate, altre finite.
Eravamo tutte stupite nel vedere quello spettacolo, e lui, invece di spiegarci le tecniche usate per realizzarle, ci ha invitate a guardare tutte le icone e riconoscere quelle che, secondo noi, erano icone, distinguendole dalle altre semplicemente dipinte.
Guardai nella stanza, lungo le pareti, i dipinti: sembravano tutti uguali. L'invito non sembrava facile da seguire; osservai i visi delle altre persone sembravano smarrite e non sapevano cosa fare. Alla parete troneggiava un grande Gesù Pantocrator, bello nei lineamenti, bello nei colori; poco più lontano, in una parete bassa, una piccola icona quasi uguale, ma, come incontrai quello sguardo, lo sentii penetrare nel mio cuore, e dissi tutta contenta:
"Questa è una icona e quello alla parete un semplice quadro".
Il nostro accompagnatore mi fece un sorriso di assenso.
C'è un altro passaggio per imparare a vedere Dio.
Nel Vecchio Testamento troviamo la paura dell'uomo a vedere Dio, In Is. 6 il profeta si dichiara infelice:"Sono perduto perché ho visto Dio".
Anche il grande condottiero Mosè, quando lo incontra, sente la Sua voce, è avvisato che non Lo potrà vedere e restare vivo.
"Tu non potrai vedere il mio volto, perché nessun uomo può vedermi e restare vivo, vedrai le mie spalle, ma il mio volto non lo puoi vedere" (Es. 33,20).
Dio aveva messo nel cuore di Mosé il desiderio di verdeLo e mette questo desiderio anche nel nostro cuore!

Come fare?

Nel Salmo 15 leggiamo: “Chi salirà sulla montagna?”

È ancora il salmista a rispondere:

> “Colui che cammina senza colpa,
> agisce con giustizia e parla lealmente,
> non dice calunnie con la lingua,
> non fa danno al suo prossimo,
> non lancia insulti al tuo vicino”.

Ecco il programma!
È la strada che Dio ci invita a percorrere per diventare l’uomo e la donna delle beatitudini.
Se al mattino, quando ci alziamo, non guardiamo con stupore il mondo, e non portiamo nel cuore il desiderio della conversione, non siamo sulla strada delle beatitudini.
Guai a coloro che stanno seduti comodamente in poltrona senza guardare il dolore e la gioia del mondo attraverso gli occhi di Dio.
C’è un viaggio che bisogna intraprendere per arrivare alla meta.
Io ho viaggiato moltissimo, ma c’è stato un viaggio mai più rifatto, ma che è rimasto impresso nel mio cuore.
Tanti anni fa ho fatto la traversata con gli sci dal Monte Bianco in solitaria, è stata una delle esperienze più affascinanti della mia vita. Panorami meravigliosi, un silenzio assoluto, un cielo meraviglioso.
All’inizio tutto è andato bene, poi improvvisamente è calata la nebbia, come succede spesso in montagna, il percorso diventava sempre più difficile e la meta molto lontana.
Ho sperimentato le risorse del corpo che hanno dovuto attivarsi più del solito, ho sentito forte la presenza di Dio che mi spingeva e mi dava sicurezza.
In alcuni punti il percorso è stato duro e naturalmente in mezzo a tutto quel biancore, in quella solitudine, in quegli spazi immensi ho potuto riflettere sul significato della vita.

Chiediamoci: desidero partire per la montagna di Dio, mi sento capace di rischiare?
O i miei occhi guardano solo alla vita con pessimismo?
Lui passa accanto a noi con delle proposte.
Ma a volte la Sua è una visita che fa soffrire, perché ci propone cammini nuovi e noi con i nostri occhi vediamo solo i nostri acciacchi e non percepiamo i suoi inviti.
Vogliamo iniziare, o meglio, continuare questo cammino?
Lui, il nostro Dio, non ci promette nessuna ricchezza, né di diventare giovani o di farci vincere una delle tante lotterie così numerose in Italia che servono per mettere soldi nelle casse dello Stato e far sognare gli italiani.
Ma Dio vuol farci partecipare al Suo sogno infinitamente più bello! Vuole farci il dono di portarci nel Suo cuore e di imparare a guardare tutto attraverso di Lui. Questa proposta Lui la fa sempre! Ma ci sono dei momenti particolari in cui il Suo invito diventa più pressante, tocca a noi coglierli con attenzione ascoltando la Sua voce.
Non vi succede mai di aver voglia di correre, se non fisicamente, almeno spiritualmente?
C'è un lungo tunnel da percorrere per trovare la strada e dopo averla trovata non la si perde più.
È il sentiero contro le nostre paure sulla salute, sull'età che avanza, la solitudine, il timore di perdere l'affetto dei nostri cari, di non essere più autosufficienti, di dover chiedere agli altri di occuparsi di noi; mentre continuiamo a pensare al peggio di noi, del nostro futuro, il tempo passa, inseguendo paure che tolgono la pace e il gusto di vivere.
Gli amici ci potranno tradire, tutti ci potranno abbandonare, ma solo Lui non lo farà mai!
Sarà sempre accanto a noi, in ogni momento, nella gioia e nel dolore.
L'abbandono al Suo amore è il percorso verso la pace senza fine!
È evitare, con l'aiuto dello Spirito Santo, di pensare in modo negativo al nostro domani.
Con Dio non c'è nulla di negativo, con Lui tutto è sempre roseo.
Dobbiamo averne la certezza!
E l'abbandono a Lui inizierà quando comincerò a dire grazie per ogni piccola cosa, gioiosa o no, a seminare nella giornata i miei continui:
"Ti lodo e ti ringrazio per ciò che mi doni".

Questa preghiera deve diventare continua, solo allora ci accorgeremo come le paure spariranno e i nostri occhi cominceranno a vedere il volto di Dio. Solo allora ci accorgeremo che la beatitudine “Beati i puri di cuore perché vedranno Dio” avrà un significato nuovo!
La strada è aperta ad ogni persona di buona volontà e camminando incontreremo tanti amici con lo stesso desiderio nel cuore, vedremo qualcuno correre, qualcuno fare piccoli passi, ma tutti in cammino verso la meta!
Vogliamo provare?
Non sarà facile, questo ve lo assicuro, ma posso dirvi con certezza che troveremo pace in ogni tensione e in ogni affanno perché il Dio della gioia è accanto a noi e ci ama!

BEATI I COSTRUTTORI DI PACE PERCHÉ SARANNO CHIAMATI FIGLI DI DIO

Il discorso della montagna è un grande impegno di vita realizzabile solo attraverso la forza della preghiera: "beatitudini e vita di preghiera" è il cammino di fede di un cristiano impegnato.

Dobbiamo intenderci subito sulla definizione di "pace" e di "pacifico".

In greco la traduzione è (eirenepoioi) operatore di pace, colui che opera, agisce per far trionfare la pace.

Mi viene in mente un episodio a cui ho assistito tempo fa: mi trovavo per la strada, alcuni ragazzini correvano in bicicletta cantando a squarciagola, improvvisamente si sono fermati, hanno buttato per terra le bici e hanno cominciato a bisticciare, dandosi spintoni, una delle tante scene alle quali si assiste in città.

Ho creduto mio dovere intervenire contro il loro comportamento, uno mi ha risposto per tutti: "Adesso bisticciamo, poi faremo la pace, succede sempre così".

Una risposta alquanto strana: bisticciare per poi rappacificarsi.

Sappiamo che in un mondo sempre in stato di guerriglia la pace non è facile: ci sono molti interessi economici dietro le guerre che coinvolgono alcune categorie sociali. Il commercio e la fabbricazione delle armi da' lavoro a migliaia di persone, ma la costruzione delle armi "è una delle più grandi piaghe mondiali più aperte e segrete della nostra storia".

C'è troppa gente interessata a fomentare lotte e guerriglie; pensiamo che in USA vengono spesi annualmente oltre un miliardo di dollari per le armi.

Nel mondo esistono mine anti-uomo le quali fanno continuamente vittime, creando un numero altissimo di feriti e di mutilati, nella sola Siria nel 2017 ben 910 sono morti e 361 mutilati; pare siano seminate un po' ovunque ben 100 milioni di mine anti-uomo.

Se guardiamo la nostra realtà quotidiana, vediamo come esista molto dolore nelle persone. Quante volte abbiamo sentito ripetere da qualcuno: "vorrei avere un po' di pace".

In base a queste risposte ed alle esperienze personali, credo siamo tutti d'accordo nel vedere come la pace sia indispensabile.

Com'è la pace a cui tutti anelano?

È come arrivare in un'oasi dopo un viaggio nel deserto, dove tutto è bello e riposante, perciò viene spontaneo dire: "Qui c'è veramente la pace, la si può respirare!"
Tempo fa ho sperimentato, anche se per breve tempo, cosa significhi trovare riposo nel deserto.
In Africa sono stata nel deserto del Sahara, il più grande del mondo, dove ho incontrato i Tuareg, gli uomini blu, i nomadi del deserto.
Per arrivare alle loro tende l'unico mezzo è il cammello, nonostante avessi iniziato il viaggio al mattino presto, il calore si sentiva, il viaggio sembrava non terminare mai, si vedeva solo sabbia; quando ho visto finalmente in lontananza le tende, è stato come se fossi tornata a vivere.

Gesù artefice di pace

Nella Bibbia Dio è sovente presentato come Signore della pace.
Troviamo questa definizione quando Gedeone decide di innalzare un altare a Javhé Shalom, il Dio della pace.
Anche quando è nato Gesù, a Betlemme, Dio aveva annunciato la pace attraverso gli angeli: "pace agli uomini" (Lc. 2,14). Nel mondo la pace è stata portata da Gesù, inviato dal Padre a ristabilirla tra cielo e terra.
La pace interiore, è venuta attraverso Cristo, il quale ha voluto risanare tutto l'uomo. Durante la sua predicazione tocca spesso la tematica della pace e della liberazione.
Anche dopo la resurrezione, incontrando i discepoli li saluta con "pace a voi".
"Questo vi ho detto affinché abbiate pace in me", "nel mondo avrete tribolazioni, ma, coraggio, io ho vinto il mondo" (Gv. 14,37), e ancora: "Vi do la mia pace, non come ve la dà il mondo" (Gv.14,37), frasi che sono di incoraggiamento nel cammino di ognuno.
Sappiamo come di fronte a certe situazioni drammatiche i cristiani si sentano scoraggiati e alcuni, forse troppi, scelgono di stare immobili: "Perché tanto – dicono – non possiamo far nulla".
Se i cristiani, si lasciano influenzare dal pessimismo, come tutti, e smettono di credere che la pace è possibile, ci sarà certamente una diminuzione della speranza nel mondo.

Le difficoltà per realizzare la pace nella quotidianità le conosciamo, guai a noi se lasciamo spegnere la fiaccola della speranza.
Guai a noi se diventiamo paurosi nella speranza, quali uomini rinnovati siamo?
Guai a noi se non crediamo più nella pace.
Papa Francesco parla spesso di questo argomento: "Per fare la pace ci vuole coraggio, molto di più che fare la guerra" e ancora: "vogliamo un mondo di pace, vogliamo essere donne e uomini di pace, vogliamo che in questa società, dilaniata da divisioni e da conflitti, scoppi la pace".
A noi, a te, a me, a ogni persona di buona volontà tocca operare perché la pace si realizzi.
Guardando alla mia vita, cosi com'è, mi interrogo:
Con il mio comportamento, sul mio lavoro, trasmetto la fiaccola della pace a qualcuno? A chi?
In quale situazione sono una donna o un uomo di pace?
E quando invece non lo sono?
Bruno Forte, un noto teologo napoletano e vescovo di Chieti Vasto, chiedeva durante una convocazione nazionale del RNS ai presenti:
"Noi come e dove impareremo ad amare? Solo attraverso l'amore".
Possiamo dire che solo nell'amore si diventa portatori e costruttori di pace.
C'è un luogo dove è possibile imparare ad amare, ed è ai piedi della Croce, dove un Uomo, il Figlio del Padre, si è lasciato uccidere per amore, dai rappresentanti delle istituzioni politiche e religiose del suo tempo.
Gesù, attraverso il suo operato, aveva impaurito troppe persone, parlava troppo di amore, di pace, di perdono.
Guardando la Croce, avremo il coraggio di capire l'importanza di divenire operatori di pace: un cammino difficile e faticoso, non c'è percorso facile per i profeti.
Chi osa oggi nel caos del mondo parlare di pace è un profeta della speranza.
La speranza non muore mai perché nasce dal cuore stesso di Dio, un Dio fiducioso nella sua creatura alla quale ha affidato il Messaggio di pace.

Una proposta di vita

Le beatitudini di cui ha parlato Gesù sono un progetto di vita, Lui propone gli impegni con un semplice: "se vuoi".
Questa frase ha smosso i Santi, i martiri, i poveri e i ricchi, tutti coloro che si sono lasciati affascinare da Gesù di Nazareth.
C'è un solo segreto per vivere le beatitudini: amare Dio, lasciarsi afferrare da Lui. Allora ci si può compromettere per amore: solo la passione per Dio può spingerci ad operare contro ogni speranza e a credere in un mondo pacifico.
Scriveva Silvano, monaco di Monte Athos, morto negli anni '30: "Quando ero giovane, per me era importante essere sano, attraente, ricco, stimato dagli uomini, ecco la felicità e ne avevo motivo di orgoglio. Ma quando ho conosciuto il Signore per mezzo dello Spirito Santo, allora ho cominciato a capire che tutta la gloria del mondo è come fumo che il vento disperde. Ora, la gloria dello Spirito Santo infonde gioia e letizia nell'anima mia; in questa pace profonda contemplo il Signore e dimentico la terra".[8]
Quest'uomo, come tanti altri, ha fatto l'esperienza dei desideri del mondo, poi, all'improvviso, ha scoperto Dio, si è consacrato a Lui e ha trovato la pace, quella vera.
La pace è invocata da tutti, credenti e non credenti.
Oggi per noi, con la nostra esperienza di fede, quale significato ha la pace?
Esistono molti modi per arrivare a vivere la pace.
Sull'amore che si costruisce la pace!
Il progetto di pace è un progetto d'amore.
Nelle nostre case manca la pace?
E quando è assente ne conosciamo i motivi?
Forse non c'è abbastanza speranza, capacità di perdono, abbastanza dialogo, ma spesso l'egoismo, le divisioni di eredità creano fratture profonde, a volte queste situazioni nascono quando si vuole sopraffare l'altro.
Ci siamo trovati di fronte a situazioni del genere? Come abbiamo reagito?
I dissidi nascono a volte da piccole o grandi tensioni.

---

[8] "Non disperare" Quiquajon, Bose 1994.

Questo significa che bisogna cedere, lasciare perdere, è importante dialogare, discutere.
Quando una persona è in conflitto con l'altra, quali sono i motivi dei dissidi?
Dobbiamo sforzarci, perché la pace viva nelle nostre relazioni trasformandole in gesti quotidiani; la pace è una sfida e non dobbiamo perderla.
Il primo posto in cui si esprime la pace è la vita di ogni giorno. La vita in famiglia per molti rappresenta il vero scoglio della pace, la terribile vita in comune, per difficoltà di caratteri, differenza di opinioni.
Il nostro gruppo famigliare è composto da persone diverse ed ognuno è chiamato ad essere profeta di pace. Questa "chiamata" è per tutti, è importante cercare di essere strumenti di pace.
Tutti sono invitati a diventare operatori di pace nell'accoglienza vicendevole; questo significa vivere da convertiti, costruendo relazioni positive, saper superare i rapporti interpersonali sviluppando il senso della riconciliazione.
La pace si sviluppa nell'ascolto, nel perdono, nella pazienza; Paolo su questo tema scrive agli Efesini:
"Vi esorto dunque io, prigioniero del Signore, a comportarvi in maniera degna della vocazione che avete ricevuto, con ogni umiltà, mansuetudine e pazienza, sopportandovi a vicenda con amore, cercando di conservare l'unità dello Spirito Santo per mezzo del vincolo della pace" (Ef. 4,1-3).
Perciò poniamoci in cammino verso la pace, anche se ci sentiamo limitati davanti a questo progetto e ci interroghiamo a volte un po' delusi, sulle capacità di realizzo.
Qualcuno può obiettare: non sono più giovane, ho poca salute, non ho abbastanza forza, ho tanti problemi.
Dobbiamo lasciare da parte tutto e farci attenti alla proposta di Dio di diventare un uomo o una donna di pace.
Lui ci interpella!
Cosa decidiamo?
Possiamo accettare o rifiutare la sua proposta perché è una proposta di libertà ed esige una scelta di libertà.
Cristo non chiede ai suoi seguaci solo di amare la pace, ma un impegno di portarla dove non c'è.

È ancora Paolo ad esserci maestro: "Il Regno di Dio non è questione di cibo, né di bevanda, ma è giustizia, pace, gioia nello Spirito Santo" (Rm. 14,17). E il Cardinale Giovanni Saldarini scrive "La beatitudine è riservata non tanto a chi cerca la pace per se stesso, la pace della sua anima, quella interiore, ma piuttosto a quelli che lavorano per farla trionfare dove trionfano guerre e discordie".
È facile parlare di pace, ma in concreto come possiamo fare?
Se guardiamo a figure caratteristiche del Vecchio Testamento, vediamo come Mosé interviene con il suo popolo per rappacificarlo: "Il giorno seguente Mosé, mentre loro rissavano, tentò di rappacificarli con le parole: siete fratelli, perché vi malmenate l'un l'altro?" (Es. 7,28).
Mosé ci stimola a diventare operatori di pace partendo dalla famiglia.
La vera comunità cristiana è quella che vive in pace: "Per quanto dipende da voi, vivete in pace con tutti gli uomini" (Es. 12,18).
Ma c'è una frase detta da Gesù che pone molti interrogativi: "Non crediate che io sia venuto a portare pace sulla terra" (Mt. 10,34). Gesù dice questa frase in un lungo contesto, detto il discorso apostolico. Dopo aver chiamato a sé i dodici, li istruisce, dà loro il potere di guarire e di scacciare i demoni, dice che saranno perseguitati e li incoraggia a non aver paura di nulla. Lui si pone come segno di contraddizione, e noi in quale modo, possiamo esserlo?

Costruire la pace

Conosciamo le difficoltà di costruire nella quotidianità la pace. Se vogliamo essere cristiani credibili, fedeli a Cristo, non possiamo tirarci indietro, e lo siamo solamente se diventiamo capaci di concretezza.
Ognuno deve portare il proprio impegno per la costruzione della pace, ognuno deve diventare capace di unione e non di divisione, perché genera la discordia.
Paolo invita (Rm. 14,19) a darci alle opere della pace e alla edificazione vicendevole.
E noi a quali opere ci dedichiamo?
Paolo IV riguardo alla pace scrisse: "La pace non è passiva né aggressiva, deve essere inventiva, preventiva e operativa; il nostro Messaggio è questo: la riconciliazione è la via della pace".

Esistono nel mondo non credenti che sono uomini di riconciliazione. Noi dovremmo esserlo nel nome di Gesù, il riconciliatore per eccellenza.
Dobbiamo dire il "mea culpa" tutte le volte che non siamo dei riconciliatori, ma soffiamo sulla cenere perché il fuoco riprenda vita e divampi l'incendio.
Esistono persone che, pur accostandosi all'Eucarestia ogni giorno, fonte di unità e di amore, sono propense ad aumentare la tensione ovunque si trovino, insomma "a mettere male", di questi individui Papa Francesco le definisce "cristiani ipocriti .... meglio che non vadano in chiesa".

BEATI I PERSEGUITATI A CAUSA DELLA GIUSTIZIA

Le persecuzioni

La beatitudine “Beati i perseguitati a causa della giustizia perché saranno saziati” fa pensare immediatamente ai perseguitati a causa di Cristo e a motivo del Vangelo.
I cristiani sono stati perseguitati per secoli; migliaia di persone hanno dato la vita per testimoniare il Vangelo, ma non dobbiamo dimenticare altre persecuzioni più recenti per le quali vescovi, preti, suore e laici sono stati prigionieri sotto regimi contrari alla Chiesa.
Pensiamo, ad esempio, alle sofferenze causate dal non poter esternare la propria fede attraverso la partecipazione alla Messa, negli incontri comunitari. Negli anni ’70 sono stata in Russia, a Riga, in Lettonia dove le chiese erano state quasi tutte chiuse, o trasformate in musei o in granai, mentre solo alcune di esse venivano usate per le cerimonie liturgiche.
Una mattina per caso trovai una grande chiesa aperta al culto, straripante di gente. Partecipai con gioia all’Eucarestia tra le persone che vivevano il mistero della Messa con una fede profonda; tutti erano inginocchiati per terra con la corona del rosario in mano.
Durante la raccolta delle offerte mi passò accanto un giovane prete al quale dissi, in francese, che ero una cattolica di passaggio in città e avrei desiderato parlargli. Alla mia richiesta, un lampo passò nei suoi occhi e mi bisbigliò, con entusiasmo, di andare in sacrestia al termine della funzione.
Non so per quale impulso gli avessi rivolto la parola, ma volevo conoscere qualcosa di più sulla fede di quel grande paese. Non potei soddisfare il mio desiderio perché, prima che finisse la Messa, quel prete mi si avvicinò con uno sguardo impaurito e mi pregò di non andare da lui “Perché – disse – non ho niente da dirle, io non l’ho mai vista”.
Quel cambiamento mi amareggiò molto e per anni mi sono chiesta perché avesse agito in quel modo. Forse qualcuno aveva notato il nostro parlottare e, sia dall’abito che dai tratti somatici, io apparivo una straniera (tanto che durante la mia permanenza, avevo perfino fatto la comparsa come americana nel film di un regista russo).
Non ho mai più incontrato quel prete, ma quella situazione mi ha fatto capire le persecuzioni a causa del credo religioso.

La Chiesa ha sempre avuto molti martiri, ieri come oggi, anche le suore, nei paesi dell'Est hanno subito gravi persecuzioni.
Ha raccontato un'Orsolina dell'Unione Romana, come negli anni '50 le suore del suo istituto siano state portate via dai conventi e trasferite nei "conventi di concentramento" insieme ad altre suore appartenenti a congregazioni diverse. Furono tutte condannate ai lavori forzati nelle fabbriche, nei campi sotto il controllo rigido della polizia.
I rapporti con l'esterno erano proibiti, ma esse, fedeli alla loro vocazione, hanno continuato a vivere da religiose, osservando la regola, alzandosi al mattino presto per pregare e facendo vita di comunità per quanto fosse possibile.
Nonostante la prigione, riuscirono a testimoniare Dio alle persone con cui lavoravano attraverso la loro serenità e pace.
Ieri all'Est, oggi in Asia e Africa, in America Latina. Come dimenticare negli ultimi anni le espulsioni dal Sudan dove tutti devono sottomettersi alla "Sharia" la legge musulmana, devono imparare la lingua e la cultura araba, conoscere l'Islam, l'unica religione riconosciuta dallo Stato? Non possiamo non ricordare l'uccisione di Monsignor Romero in Salvador mentre celebrava la Messa, e poi il Vescovo di Algeri.
Dobbiamo ricordare tanti fratelli e sorelle perseguitati, nel mondo sono 300 milioni. Noi viviamo la nostra vita tranquillamente in una società opulenta e neppure ci accorgiamo della fortuna di essere liberi di testimoniare la fede.
Spesso l'andazzo comune è "farsi i fatti propri", vivere alla meno peggio nella società dove l'egoismo sembra essere divenuto prassi comune, dove parlare di Dio a molti appare antistorico, al di fuori del tempo.
È indispensabile ricordarsi come Gesù abbia detto: "Beati i perseguitati dalla giustizia".
Gesù dice di ritenerci "beati" se siamo perseguitati: com'è diversa la sua ottica dalla nostra!
Per noi cristiani abitanti in piccoli comuni o in una grande metropoli, cosa significa applicare questa beatitudine nella vita?
La releghiamo con tutte le altre in soffitta e facciamo il lento percorso per sopravvivere nella fede, alla meno peggio, o siamo sulla scia di chi rischia la vita per testimoniare Gesù? Queste sono risposte che ci dobbiamo dare per sapere dove stiamo andando.

È vero, noi non siamo in clima di persecuzione, ma siamo in regime di indifferenza, e ciò è molto grave, perché l'indifferenza uccide la fede.
Abbiamo paura di essere derisi a motivo del nostro credo o ci sentiamo forti, pieni di coraggio nel testimoniare la fede?
Testimoniare Gesù senza timore vuol dire vivere con il cuore convertito gli avvenimenti della vita.
Domandiamoci: abbiamo nel cuore l'ansia della conversione?
Noi siamo molto fortunati perché possiamo usufruire con abbondanza della Parola di Dio, dell'Eucarestia, nessuno ci proibisce di andare a Messa, o di parlare di Lui.
Ma se noi ascoltiamo catechesi e omelie varie e poi torniamo a casa come se niente fosse, non è forse questo un atto di ingiustizia contro chi in qualche parte del mondo non è libero di manifestare la propria fede?
Gesù dice: "Beati i perseguitati a causa della giustizia" e allora ci dobbiamo dire infelici se non siamo perseguitati?
Questa beatitudine non è tanto piacevole: chi desidera essere perseguitato? Credo abbia ben pochi sostenitori la beatitudine della sofferenza.
Sappiamo bene come nel progetto di Dio per noi, anche se non cercata, c'è anche la sofferenza che fa parte della vita.
In Gv. 15,28 leggiamo: "Se hanno perseguitato me, perseguiteranno anche voi" e ancora Gv. 16 "anzi, verrà l'ora in cui chiunque vi ucciderà crederà di
rendere culto a Dio".
A volte a qualcuno può succedere di sentirsi perseguitato, perché sente la solitudine e l'abbandono, ma fa ben poco per gli altri; si piange addosso, ed è talmente frustrato da riversare sugli altri i suoi guai. Le persone di questo tipo prendono solo e non donano nulla, sono incapaci di ascoltare, parlano solo di se stessi e non la smettono mai. Si pongono sempre in prima fila, al centro di tutto, con i loro bisogni, le loro malattie.
Cosa vuol dire essere perseguitati a causa della giustizia? Quale giustizia si intende?
I padri della Chiesa presentano alcuni ruoli diversi su questo significato. Ho scelto due riflessioni di Lattanzio e di Cassiano.
"Dio creando l'uomo, ha voluto che fosse tutto dedito alla sua gloria, per questo gli attribuì tanto onore da fargli dominare tutte le cose; è

sommamente giusto infatti, che l'uomo ami Colui che gli ha donato tanto, e ami anche il prossimo unito a lui, in una comunità di diritto divino.
Da questo si comprende come l'uomo sia stato strutturato in vista della religione e della giustizia.
Dio ha voluto che tutti gli uomini siano giusti, cioè che si amino e onorino Dio e gli uomini; onorino Dio come Padre, amino gli uomini come fratelli. Su questi due precetti si fonda la giustizia".[9]
Possiamo leggere questa beatitudine in questo modo: "Beati i perseguitati per amore di Dio e dei fratelli".
"Dunque se il Regno di Dio è in noi, se il Regno di Dio è giustizia, se ne deduce che chi vive nella giustizia, nella pace e nella gioia + senz'altro nel regno di Dio".[10]
C'è una frase di Paolo ai Romani che descrive bene questa beatitudine:
"Il Regno di Dio non è questione di cibo o di bevanda, ma è giustizia, pace e gioia nello Spirito Santo". (Rm. 14,17)

Io sono con voi

Nelle persecuzioni di vario tipo è necessario sapere che Dio è presente nella nostra vita.
C'è una icona della presenza continua di Gesù nella vita degli uomini: "Ecco, io sono con voi, tutti i giorni, fino alla fine del mondo".
Matteo chiude il suo Vangelo con questa frase, forse è a causa di questa affermazione che Luca (24,50) negli ultimi versetti del suo scritto, dopo aver visto Gesù ascendere al cielo, gli apostoli: "Tornarono a Gerusalemme con grande gioia". Molti dei suoi discepoli avevano creduto a Gesù come liberatore politico, e investito molto su di lui, certi di stare con un vincente, avrebbero volentieri combattuto contro i Romani per liberare il loro paese dall'invasione straniera; invece pian piano avevano capito come la liberazione proposta da Gesù era diversa. Riempie di amarezza pensare alla debolezza dei suoi davanti alle guardie venute per arrestarlo.
Infatti, a parte l'impulsività di Pietro, che con la spada tagliò l'orecchio a Malco, per poi fuggire come gli altri, nessuno era pronto a condividere quella persecuzione.

---

[9] Lattanzio da "L'ira di Dio"
[10] Giovanni Cassiano, Conferenze

Dopo la morte e la sepoltura di Gesù, i discepoli vivevano di dubbi, tutto l'entusiasmo per il Maestro era svanito.
Chissà quante domande si fecero sugli avvenimenti ai quali avevano partecipato: perplessità ed interrogazioni: "Si realizzerà la sua profezia di risorgere dopo tre giorni!".
Forse è per questo motivo che Gesù, ormai risorto, incontrandoli, li rassicura.
Durante la sua vita terrena l'aveva fatto tante volte e in mille modi, ma ora, prima di lasciarli per sempre, doveva dar loro la certezza della sua presenza perché continuassero il loro cammino.
San Marco racconta: "Mentre stavano a mensa, li rimproverò per la loro incredulità e durezza di cuore perché non avevano creduto a quelli che lo avevano visto risorto". Il rimprovero si tramuta ancora una volta in un atto di fiducia; li incoraggia e li manda: "Andate in tutto il mondo a predicare il Vangelo ....".
Dei tre sinottici, Marco, Matteo e Luca, ognuno racconta in modo diverso, secondo il proprio carattere e le proprie emozioni, l'ascensione di Gesù al cielo. Ognuno arricchisce l'episodio di particolari.
Solo Matteo riporta: "Ecco io sono con voi tutti i giorni, fino alla fine del mondo".
È questa un'incredibile dichiarazione d'amore prima di lasciarli fisicamente per sempre.
Oggi questa Parola cosa dice a noi?
Perché Gesù dice questa frase?
Perché aveva letto nei loro cuori la paura della solitudine, dell'abbandono per la sua assenza, il timore della disgregazione del gruppo. Gli apostoli erano persone semplici, durante i tre anni passati alla scuola di Gesù, lo avevano visto ogni giorno, egli aveva avuto pazienza con ognuno di loro, formandoli alla vita comunitaria, entrando in relazione con ciascuno.
Gesù aveva stimolato, suggerito, rimproverato, confortato, aveva spesso ripetuto: "Non sia turbato il vostro cuore" (Gv. 14,1).
Tante volte avevano sentito risuonare le parole: "Come hanno perseguitato me, perseguiteranno anche voi" e ancora "Siete come pecore senza pastore".
Sapevano di aver commesso un atto di vigliaccheria fuggendo dopo l'arresto di Gesù.

"Non siete capaci di vegliare con me neppure un'ora" aveva detto loro durante l'arresto nell'orto degli ulivi.
La paura li aveva fatti fuggire tutti, Pietro più degli altri l'ha rinnegato, infatti davanti alla serva dice: "Non lo conosco!".
Anche noi, del resto, abbiamo le nostre paure e fuggiamo davanti a certe situazioni. Fughe, paure, tradimenti, infedeltà; come siamo simili ai discepoli nelle nostre debolezze!
C'è un episodio precedente all'Ascensione in cui Pietro si trova in riva al lago; seguendo Gesù aveva smesso di svolgere il suo lavoro come pescatore, improvvisamente prende una decisione e dice: "Io vado a pescare" (Gv. 21); gli altri, senza dire nulla, lo seguono in silenzio.
Saliti sulle barche, gettano le reti, ma attendono inutilmente di poterle riempire, nonostante fossero abili pescatori.
Quando li aveva chiamati a seguirlo Gesù aveva parlato della loro missione: "Sarete pescatori di uomini", invece eccoli ancora a pescare come avevano fatto in passato prima di incontrarlo.
Succede anche a noi qualche volta di ritornare indietro impauriti dalla missione affidataci da Dio; "beati i perseguitati a causa della giustizia"; possiamo sostituire "a causa della fede, a causa del mio amore, a causa della mia chiamata".
Vivere le beatitudini è la nostra missione!
Perché l'insuccesso di quella notte di pesca?
Forse quel lavoro non si adattava più ai seguaci di Gesù?
Non erano essi stati chiamati ad altre occupazioni per il Regno?
"Quando era già l'alba Gesù si presentò alla riva, ma i discepoli non si erano accorti che fosse Gesù".
Nessuno di loro, impegnati com'erano in una pesca senza risultati, si accorse del Maestro. Non avevano neppure sospettato che fosse lui. Dentro di loro c'era un solo obiettivo: pescare senza pensare ad altro. Il loro cuore era chinato su interessi personali. Succede spesso anche alle persone di avere Gesù sulla riva della loro vita, nei momenti di persecuzione, e non riuscire a vederlo.
Mentre sconsolati osservano le reti vuote, il Figlio di Dio li interpella con una frase molto semplice: "Non avete nulla da mangiare?".
Sbalordimento, silenzio, ancora una volta Gesù viene in loro aiuto, suggerendo di gettare la rete dalla parte destra.

Anche a noi suggerisce di metterci in ascolto di Lui per ottenere dei risultati in qualsiasi situazione ci troviamo, ma spesso noi facciamo i sordi.
Se i discepoli non avessero seguito il suo suggerimento, non ci sarebbe stata la grande pesca miracolosa.
Soltanto dopo il miracolo, Giovanni riconosce Gesù e, preso da entusiasmo, dice: “È il Signore”!
Gesù mangia con loro, poi interroga Pietro: “Mi ami tu?” E qui ricordiamo la sua amarezza davanti alle domande ripetute ben tre volte “Pietro mi ami tu?”.
E Pietro ripete per tre volte in maniera affermativa e poi quasi incredulo di ciò che gli chiede Gesù dice: “Tu sai tutto, tu sai che ti amo” (Gv. 21)
Poi c’è il mandato “Andate e annunciate il mio Vangelo a ogni creatura” (Mt. 16,15). Matteo chiude il suo Vangelo con la frase dell’annuncio a tutti.

BEATI VOI QUANDO VI PERSEGUITERANNO E MENTENDO DIRANNO MALE DI VOI PER CAUSA MIA

La felicità

Invece di riflettere sulla persecuzione interroghiamoci su cos'è la felicità.
Le definizioni di felicità sono tante, guardiamo cosa hanno scritto su questo tema grandi studiosi; Freud ha sempre dichiarato apertamente come la felicità sia solo un'illusione.
Un grande teologo, Congar, ha scritto che la felicità è riscoprire il senso della vita.
Per molti la felicità è il denaro, il potere, il sesso. C'è una felicità secondo l'età; per le bambine di pochi anni possedere la Barbie con la casa, Masha e Orso è felicità, se riceveranno in dono videogames, un iPad tutto per loro.
Per l'adolescente la felicità è avere il motorino, per l'adulto sarà la promozione sul lavoro, cambiare la macchina, organizzare un viaggio importante. Ognuno ha il proprio concetto di felicità.
Cos'è per noi?
È una sensazione molto importante se tutti ne parlano continuamente; ma quando arriva la sofferenza si pensa che la felicità sia inesistente.
La felicità esiste!
Cos'è la felicità?
È meglio formulare la domanda in altro modo: chi è la felicità?
È il Signore l'unico che può fare felici, perché da' senso alla vita.
Gesù disse un giorno ai suoi discepoli: "Se il chicco di grano caduto in terra non muore, rimane solo, se invece muore, produce molto frutto" (Gv.12,24).
Luca riporta le parole di Gesù che si dice preoccupato quando un discepolo non è perseguitato: "Guai a voi, quando tutti gli uomini diranno bene di voi. Allo stesso modo facevano i loro padri con i falsi profeti" (Lc. 6,26).

Le persecuzioni nel Vecchio Testamento

Nel Vecchio Testamento si legge come il popolo di Dio sia stato continuamente perseguitato; all'inizio del suo cammino di liberazione si scontra con il faraone,
il grande persecutore che rifiuta al popolo il permesso di allontanarsi dal suo regno. Solo dopo le piaghe inviate da Dio sull'Egitto decide di lasciarli liberi. Nell'Esodo sono descritte le sofferenze vissute in 40 anni di deserto per un percorso di 400 Km!
Gli stessi profeti pagano con l'emarginazione e la persecuzione il coraggio di annunciare la Parola di Dio; insidie, odi, gelosie sono sentimenti provati dagli uomini e raccontati nella Bibbia.
"Beati voi quando vi perseguiteranno" come tutte le beatitudini, anche questa è difficile da vivere, molto difficile.
Noi sappiamo però che questo è il cammino da percorrere, per diventare l'uomo e la donna delle beatitudini.
Nella vita di ognuno è in agguato il dolore, quello fisico e quello spirituale, non si può dire in quale settore si soffre di più perché dipende dalla differenza e sensibilità di ognuno.
"Le sofferenze sono necessarie per entrare nel Regno" (At. 14,28), ma è nei momenti di sofferenza che dimostriamo la vera fedeltà al Signore.
In qualsiasi situazione viviamo, Egli continua ad amarci e questa è una grande forza.
Mi raccontava un fratello, di essere stato accusato da un altro collega di aver accettato una bustarella: "Ho sofferto molto, perché non ho preso dei soldi per il mio lavoro e ho fatto molta fatica a superare la calunnia, poi ho pensato alla beatitudine, "e mentendo diranno male di voi" e allora il mio dolore si è placato, nonostante la denuncia fatta contro di me, sono tranquillo, perché ho sentito il Signore vicino".
Invece spesso davanti al dolore le persone si sentono abbandonate da Dio, alcune addossano addirittura a lui la colpa.
È facile amare Dio quando tutto va bene, ma solo nella sofferenza abbiamo il barometro del nostro amore verso Dio.
È importante nei momenti di prova affidarsi all'unico Signore.
Paolo al riguardo scrive: "Colui che vi chiama è fedele e farà tutto questo" (Tes. 5,24).

Cosa significa questa Parola? La Parola di Dio è vera, la sua promessa sarà realizzata, pertanto continuerà ad amarci: "Ti ho amato di un amore eterno" "sarò con voi fino alla fine del mondo".
Tutte queste parole devono esserci di incoraggiamento.
Riguardo al dolore Papa Giovanni Paolo II ha scritto:
"Non esiste alcun dolore umano che non sia inserito nel mistero di Gesù, così da essere da Lui salvato e reso fonte di salvezza e santità. Se è grande il dovere di fare del bene a chi soffre, con la sofferenza che è presente nel mondo anche per sprigionare nell'uomo l'amore".
Il dolore è un grande mistero, a volte una malattia, un incidente sconvolgono la vita professionale e personale; bisogna vedere le sofferenze come segni della presenza di Dio nella vita, restare come tralci attaccati alla vite per dare frutto.
Sappiamo come la sofferenza porti amarezza, e solo se si fa chiarezza in sé e del suo significato porta luce.

L'itinerario di Giobbe

Chi può esserci d'aiuto in questa riflessione sul dolore e la persecuzione?
Senz'altro Giobbe!
L'itinerario percorso da Giobbe è il cammino di ognuno di noi, con tante domande da fare a Dio, i "perché dei perché" che non trovano risposta.
Giobbe interroga Dio, anzi lo sfida perché chiarisca il tema del dolore, ma Dio nel colloquio con lui non pone interrogativi ed educa il suo servo fedele.
È un grande pedagogista il nostro Dio.
Il libro di Giobbe è formato da 42 capitoli, perciò un cammino molto lungo, suggerirei di leggerlo.
"Spiegare Giobbe è come tentare di tenere nelle mani una anguilla o un piccola murena; più forte la si preme più velocemente fugge dalle mani" (S.Gerolamo).

"Troppo spesso il libro di Giobbe viene ridotto a un canto della miseria umana o della "pazienza" con cui deve essere accolta; Giobbe in realtà è un canto della miseria dell'esistere, ma anche dello stupore della fede"[11].
Giobbe è un uomo ricco, ha 10 figli, possiede 7.000 pecore, 3.000 cammelli, un migliaio di buoi, 500 asine e molta servitù.
Quest'uomo, è scritto all'inizio del libro, è il più grande di tutti i figli di oriente; ci troviamo perciò davanti a un grande personaggio.
I suoi figli essendo molto ricchi, passano parte del tempo ad organizzare banchetti e feste costringendo il padre, da uomo giusto quale è, a purificarli continuamente, se in qualche modo avessero offeso Dio.
Nel prologo si legge che un giorno Satana va assieme al altri da Dio, questi gli chiede da dove sta venendo: "da un giro sulla terra", risponde.
Dio lo interroga: "Hai visto Giobbe?". Da questo notiamo il suo interesse verso un servo prediletto, soprattutto perché comincia a tesserne le lodi.
La figura di Javhé è presentata con i sentimenti umani. Dio è orgoglioso di Giobbe, è il suo fiore all'occhiello si direbbe nel gergo comune. Nell'amore di Javhé per Giobbe dobbiamo vedere in modo figurato ognuno di noi, unico e irripetibile davanti a Lui.
Ma Satana è invidioso di quella simpatia e in un certo modo lo accusa di privilegiarlo perché l'ha sempre benedetto, e sfida Dio a ritirare le sue benedizioni sicuro che povero, solo e abbandonato, cambierà opinione nei suoi confronti.
Così Javhé accetta la sua proposta: "Ecco quanto possiede è in tuo potere, ma non stendere la mano su di lui" (Gb. 1,12).
Poco tempo dopo la vita di Giobbe cambia improvvisamente, è tranquillo in casa sua, quando arrivano alcuni Messaggeri annunciando grandi sventure, in pochi minuti viene a sapere che i suoi figli sono stati uccisi dal vento impetuoso e tutti gli animali sono morti.
Il servo di Dio davanti alle drammatiche notizie fa una preghiera commovente, che denota una profonda fede:

> "Nudo uscii dal seno di mia madre,
> e nudo vi ritornerò.
> Il Signore ha dato, il Signore ha tolto,
> sia benedetto il nome del Signore!" (1,21)

---

[11] G. Ravasi

Dopo questa azione di lode si ripete di nuovo l'incontro di Satana con Dio, stessa scena, e stesse richieste di notizie di Giobbe; Satana spiega come Giobbe sia rimasto integro e fedele davanti alla sofferenza.
Ma Satana non si accontenta di ciò che è successo e sfida di nuovo Dio dicendo: "Pelle per pelle, tutto quanto ha, l'uomo è pronto a darlo per la sua vita. Ma stendi un poco la mano e toccalo nell'osso e nella carne e vedrai come ti benedirà" (2,4).
Avendo il permesso di toccare Giobbe, Satana riparte e colpisce con una piaga tutto il suo corpo. In quella situazione di degrado fisico, è costretto a grattarsi con un coccio, anche la moglie lo prende in giro:"Rimani ancora fermo nella tua integrità, benedici Dio e muori".
Quella frase invece di calmarla, scatena la sua irritazione. Giobbe la riprende, la chiama stolta: "Se da Dio accettiamo il bene, perché non dovrei accettare il male?".
Un giorno riceve la visita di tre suoi amici, i quali per sette giorni e sette notti stanno accanto a lui per consolarlo "perché grande era il suo dolore".
Giobbe nel suo dolore, comincia a maledire non solo il giorno in cui è nato, ma anche la notte in cui è stato concepito. Ma uno degli amici, Elifaz cerca di consolarlo facendogli ricordare i momenti in cui dava vigore agli altri attraverso l'incoraggiamento.
Spiega di aver visto lo stolto imputridire e gli suggerisce di rivolgersi a Dio esponendo la sua causa, sicuro del Suo intervento positivo, lo esalta per la sua bontà e gli spiega che deve essere felice della sua situazione perché è "corretto da Dio".
Giobbe è molto sofferente, invoca la morte come unica soluzione, ma un altro amico (8,1), Bildad interviene invitandolo come il primo a implorare l'Onnipotente perché ristabilisca la giustizia nella sua vita, cercando di fargli vedere una soluzione positiva della sua situazione. È un amico e sa comunicare speranza:"piccola cosa sarà la tua condizione di prima, di fronte alla grandezza futura"(8,7).
Nel cap. 9 notiamo come Giobbe abbia perso la sua fiducia perché dice di non saper neppure più se è innocente. Il dolore ha sconvolto la sua mente, ribadisce il rifiuto e l'odio per la vita.
Nei capitoli seguenti troviamo tra lui e i suoi amici domande e risposte sul tema del dolore. Ribadisce di detestare la vita, alla fine risponde all'amico

spiegando cosa vorrebbe dire a Dio: "Non condannarmi, ma fammi sapere perché mi sei avversario".
In questa frase troviamo un po' di noi, della nostra opinione quando le cose non vanno secondo il verso giusto vediamo Dio come nemico. Un altro amico, interviene, questo libro si potrebbe definire anche il libro dell'amicizia umana; Dio permette all'uomo nel dolore la consolazione attraverso l'amicizia.
E dice: "Se Dio ti manifestasse la sua sapienza sapresti che Dio ti condona parte delle tue colpe" (11,6).
Giobbe spiega come lui conosca molte cose: la potenza di Dio, e ne vuole parlare facendo rimostranza del suo dolore perché si sente innocente, perciò gli chiede due cose: di allontanare da lui la sua mano e di essere liberato dal terrore (13,21).
Chiede a Dio di essere giudicato! Com'è presuntuoso: "interrogami e io risponderò". Andando avanti nella lettura ritroviamo altri discorsi, c'è di nuovo l'intervento di Elifaz, ma questa volta non ha più parole di consolazione come nel passato, ma condanna il suo amico che accusa di essere solo capace di dire parole, senza scendere nel concreto.
Giobbe continua a raccontare il suo dolore, ormai arrivato al massimo: "Sono diventato ludibrio dei popoli e sono oggetto di schermo davanti a loro" (17,6).
Anche Bildad cambia rapporto di amicizia con Giobbe e gli chiede quando la smetterà di chiacchierare, anche lui, come gli altri è convinto della colpevolezza di Giobbe.
Il servo sofferente di Javhé risponde ai presenti interrogandosi (19): "Fino a quando mi tenterete? E mi opprimerete con le vostre parole?".
Spiega come nella sofferenza tutti lo abbiano abbandonato: gli amici, i fratelli, i vicini di casa, le stesse serve rifiutano di obbedirgli.
Ma davanti al tradimento di tutti rinnova la sua fede in Dio.
"Lo vedrò io stesso, e i miei occhi Lo contempleranno non da straniero".
Quanto coraggio notiamo in questa dichiarazione! Nonostante la fiducia riposta in Dio, da uomo intelligente si interroga sul perché i potenti vivano nella prosperità (21,7) e il bastone di Dio non pesi su di loro.
Giobbe riflette sulla fortuna dell'empio, nonostante rifiutino Dio e si chiedano: "Chi è l'Onnipotente perché dobbiamo servirlo? E che ci giova pregarlo?".

Vediamo come si faccia delle domande, le stesse che ci si pone anche oggi: “Quelle persone non vanno mai in chiesa e tutto gli va sempre bene”.Riflette con i suoi amici come nella morte tutti siano uguali.
Si difenderà per l’ennesima volta dal dolore dicendo che si è sempre comportato da uomo onesto e si interroga sul silenzio di Dio: “Non vede Egli la mia condotta e tutti i miei passi?”.
Poi (31) si fa un autoesame di coscienza minuzioso davanti ai suoi amici. Parte dalla fedeltà coniugale al diritto applicato alla schiava, la disponibilità continua data ad accogliere lo straniero e il viandante.
Quando Giobbe termina di parlare i tre amici cha abbiamo conosciuto come persone loquaci non intervengono più lasciando spazio a un giovane personaggio Eliu, il quale come prima reazione si accende di sdegno contro di lui perché si crede giusto davanti a Dio, lo accusa senza mezze parole di presunzione, fa l’elogio a Dio ed esalta la sua potenza (34).
Spiega come Dio non tolga gli occhi dai giusti e li esalti, a volte, se essi sono in catene, fa conoscere i loro sbagli perché sono superbi e il dolore li aiuta a capire, a crescere.
Vediamo come attraverso le sue parole Dio educa: il dolore è maestro di vita, nessuno sfugge alla sofferenza, se accetteranno il dolore Dio opererà meraviglie per liberarli.
Eliu presenta il dolore come momento di crescita e qui sta una delle chiavi per capirlo: dare significato alla sofferenza.
Dopo aver esaltato Dio ricorda al vecchio Giobbe che deve imparare ad esaltare la sua opera: il creato.
E nei versetti (36,25) la sua parola diventa poesia:

> “Ecco, Dio è così grande, che non lo comprendiamo:
> il numero dei suoi anni è incalcolabile.
> Egli attrae in alto le gocce dell’acqua
> e scioglie in pioggia i suoi vapori, che le nubi riversano
> e grondano sull’uomo in grande quantità”.

Eliu interroga Giobbe se è a conoscenza di come fa Dio a dirigere le nubi e lo provoca ancora quando gli dice:

> “Hai forse tu disteso con lui il firmamento solido
> come specchio di metallo fuso?”

Dopo queste ultime domande interviene Javhé e parla attraverso il turbine, anticamente Dio si manifestava attraverso segni forti per manifestare la sua potenza.
Ora Dio chiede a Giobbe: "Dov'eri tu quando io ponevo le fondamenta della terra?
Chi ha fissato le sue dimensioni?
Chi ha chiuso tra due porte il mare?
Poi ha fissato un limite e ha messo un chiavistello alle porte?"
Javhé lo fa riflettere elencando tutte le bellezze del creato, parla della luce, della notte, delle stelle, scende nei particolari e lo deride rispondendo per lui: "Certo che tu lo sai perché allora eri nato". Suggerisco di leggere i cap. 38 e 39 tanto sono belli, descrivono nei particolari le meraviglie fatte da Dio per l'uomo.
Passa in rassegna ogni cosa, anche gli animali creati per la sua creatura.
Javhé termina la prima parte del discorso dicendo a Giobbe:

> "Il censore vorrà contendere l'onnipotente?
> L'accusatore di Dio risponda!" (40,2)

Parole dure, molto dure, lo chiama "Censore (si intende colui che disputa) e accusatore di Dio".
A volte nel dolore, le persone accusano Dio di far male le cose, quasi volessero insegnarli come deve comportarsi, diventano suggeritori di Dio.
Giobbe lasciato parlare Dio, risponde riconoscendosi meschino, davanti alla bellezza del creato la sua mente si apre, Javhé però riprende il discorso e spiega come controlla tutto, perché di tutto è il creatore.
Parla degli animali (40,15):

> "Ecco l'ippopotamo, che io ho creato al pari di te".

Spiega le forme di questo animale e come lui abbia messo le sue forze nei fianchi e il vigore nei muscoli. Spiega la grande forza posseduta da questo animale "se anche il Giordano gli salisse alla bocca resterebbe nella calma".

È un invito alla riflessione, se Dio dona forza da resistere nei momenti difficili a un animale non da forse maggior forza interiore all'uomo, gloria di Dio?
Attraverso l'ultimo discorso Javhé vuol far capire come Giobbe è ben piccola cosa davanti alle meraviglie dell'universo, e nonostante viva un dolore immenso non è al centro dell'universo.
Giobbe ormai ha capito tutto, non ha più velleità contro Javhé, e la sua risposta è umile:

> "Comprendo che tu puoi tutto
> e che nessuna cosa è impossibile a Te." (42,1)

Bella questa dichiarazione di fede di un uomo immerso nel dolore fisico e morale, diventato improvvisamente povero, riconosce di aver parlato senza alcun discernimento su cose troppo difficili per lui e termina dicendo o meglio pregando:

> "Io ti conoscevo per sentito dire,
> ma ora i miei occhi ti vedono"

I suoi occhi, quelli interiori si sono aperti, il dolore lo ha avvicinato a Dio e ha capito che lui è solo un granello di sabbia nel suo meraviglioso universo, un granello creato e amato dal suo Creatore.
Javhé biasima gli amici di Giobbe e lo esalta ridonandogli tutte le cose perdute, anzi centuplicandole.
Il personaggio di Giobbe è da rivalutare perché è il cammino di ognuno di noi, pertanto vi invito a leggerlo attentamente per capire meglio il mistero del dolore, ma anche dell'amore, perché in realtà è la storia d'amore tra l'uomo e il suo Dio, la stessa storia che possiamo vivere noi, se sappiamo capire come Dio attraverso il dolore ci educhi alla fede.

Davanti al dolore cosa fare?

Davanti al dolore cosa fare? Il dolore è un grande educatore di vita, perché da la dimensione del limite della persona.

A volte pecchiamo di onnipotenza, siamo certi che la sofferenza non ci travolgerà mai, ma il dolore a volte porta l'uomo alla conversione. Cito solo due grandi santi arrivati a Dio proprio attraverso la sofferenza.
Francesco d'Assisi a 20 anni durante la sua prima battaglia fu sconfitto; Ignazio di Lojola a Pamplona dopo essere stato ferito ed essere costretto a letto per molti mesi, arrivò alla conversione grazie all'inazione e alla meditazione.
Come comportarsi di fronte alla sofferenza?
La prima cosa è fermarsi e raccogliersi in se stessi e chiedersi se il dolore è così grave come ci sembra o se stiamo esagerando, può succedere, infatti di essere incapaci di obbiettività.
Mi raccontava tempo fa una sorella che dopo una ecografia il cui risultato era un fibroma alle ovaie: "Il sole mi sembrava meno luminoso, l'azzurro del cielo non splendeva più, improvvisamente ho sentito un grande buio nel cuore, come se una tempesta mi avesse investita, ma in poche ore ho ritrovato la mia pace di sempre, ho cominciato a pregare offrendo a Dio tutto il mio futuro e lodandolo per la situazione in cui vivevo, appena ho detto il mio si tutto è tornato come prima".
Quando si è molto tesi e stanchi non conviene prendere nessuna decisione, ma mettersi davanti al Signore e depositare ai suoi piedi la sofferenza, lasciare che Gesù prenda la signoria della situazione. Per qualche persona sarà più facile, per altri meno, dipende dal loro rapporto con Dio.
Se si sente l'incapacità di farlo, si chiede forza allo Spirito Santo, si mandi un S.O.S. perché intervenga.
Chiedere forza per fare dono del proprio dolore a Dio, è necessario ripetere questo esercizio parecchie volte, non stancandovi mai di lodarlo e ringraziarlo attendendo con fiducia il suo intervento.
Nella sofferenza, di chi crede c'è qualcosa di misterioso, che scatta quando si accetta il dolore. E in molti possono testimoniarlo, la sofferenza ha un senso nuovo, prende significato dentro di noi, e non è più un rifiuto, ma un si al progetto d'amore di Dio.
Che cosa ha fatto scattare il tutto?
Noi vogliamo sempre razionalizzare tutto ma dobbiamo ammettere come resti un mistero la causa di cambiamento. Il mistero, la potenza dello Spirito; insomma qualcosa è successo!

E ognuno trova significato alla sofferenza, si offre e si sente pacificato. Ma cos'è questo sentimento che ci invade e permette di accettare la sofferenza e continuare a vivere?
È l'amore di Dio.
Non dimentichiamo che anche chi non crede supera il dolore.
Rimango sempre stupita quando vedo persone in carrozzella vivere il loro handicap nella pace.
Un giorno ho visto alla TV un matrimonio di due persone in carrozzella, entrambi con sclerosi a placche; non erano più giovani, hanno scoperto di amarsi e nonostante le difficoltà evidenti a causa della loro malattia hanno deciso di sposarsi. La cerimonia è avvenuta in municipio, dai loro volti traspariva una grande gioia, e durante l'intervista hanno dichiarato: "Sappiamo che ci saranno difficoltà, ma ci vogliamo bene". Erano contenti perché potevano contare sul loro amore.
È importante dare significato al dolore, vivere ogni situazione di sofferenza nella fede, continuando a credere oltre la speranza finché la bufera non passi.
Scrive Ignazio Larranga, un noto predicatore: "Chi soffre in unione con Gesù non solo trae consolazione dalla tribolazione,ma "completa" con la sua sofferenza ciò che manca dei patimenti del Signore" (Col. 1,24).
A motivo di ciò, San Giovanni Paolo II parla del "carattere creatore del dolore" il quale conferisce alla sofferenza non solo un senso, ma un'utilità dinamica e fecondante.
È palese il fatto che, se Gesù ha redento il mondo accettando con amore il dolore, ogni cristiano capace di associarsi al suo patire con la propria sofferenza prende parte al carattere redentore del dolore di Gesù; redime con Gesù.
La sofferenza di Gesù ha generato un bene: la redenzione del mondo. E pur essendo vero che tale bene è infinito e nessun uomo vi può aggiungere nulla, tuttavia Gesù ha voluto lasciare aperto il proprio dolore salvifico a tutte le sofferenze umane, a condizione che siano assunte con amore.
"Fa parte dell'essenza stessa della sofferenza redentrice del Cristo il fatto che debba essere completata".[12]

---

[12] In Salvificis Doloris 24

La chiave di tutto

C'è un passo di Giovanni (15,18-20) che è segno di consolazione:
"Se il mondo vi odia, sappiate che prima di voi ha odiato me. Se foste del mondo, il mondo amerebbe ciò che è suo; poiché invece non siete del mondo, ma io vi ho scelti dal mondo, per questo il mondo vi odia. Ricordatevi della parola che vi ho detto: Un servo non è più grande del suo padrone. Se hanno perseguitato me, perseguiteranno anche voi".
A noi non toccherà la flagellazione in pubblico, ma dolori di altro genere, di quale tipo non sappiamo.
S. Teresa d'Avila scriveva:

> "Niente ti turbi
> Niente ti rattristi
> Tutto passa,
> Dio non muta.
> Chi ha Dio non gli manca niente.
> Solo Dio basta".

Chi fa ancora fatica a capire il significato di sofferenza, non si turbi, chieda luce allo Spirito Santo perché, come hanno fatto i Santi, sia illuminato in questa direzione.
Allora potremo dire:

> "Signore grazie di quel dolore,
> per quella calunnia,
> per quel tradimento,
> per quella perdita,
> grazie perché tutto è stato permesso
> grazie perché mi ami".

Forse non per tutti è facile pregare con queste parole, ma è il sentiero da percorrere che porterà pacificazione nel dolore, altrimenti continueremo il viaggio della vita con le ferite aperte in cerca di un pronto soccorso, il nostro unico medico sempre di turno è Gesù di Nazareth, che vuole entrare nella "Nostra Galilea" e guarire, tocca a noi permetterglielo.

Matteo, dopo aver presentato il discorso della montagna, il grande progetto di vita proposto da Gesù invita a rallegrarsi per la gioia, la ricompensa che sarà data in cielo.

Nel passato i cristiani venivano accusati di vivere passivamente perché accettavano le ingiustizie dei padroni perché avrebbero avuto una ricompensa maggiore in paradiso.

Il cristiano che ha riscoperto i valori del Vangelo non fugge dai problemi reali del mondo in cui vive perché sogna il cielo, ma lotta per la giustizia, perché la vita sulla terra sia bella, vissuta nell'amore, accettando tutti gli avvenimenti, gioia e dolore come dono di Dio ma non smette di operare per avere il benessere fisico ed economico in un mondo di giustizia.

Opera con gli occhi fissi sul suo tesoro, che un giorno finalmente vedrà "faccia a faccia, senza veli" come dice San Paolo.

Cosa sarà dopo il passaggio della morte?

Sarà grande gioia, felicità e ognuno vedrà il suo Signore, l'Agnello:

> "Vedranno la sua faccia
> e porteranno il suo nome sulla fronte.
> Non vi sarà più notte,
> e non avranno più bisogno di luce di lampada,
> né di luce di sole,
> perché il Signore Dio li illuminerà
> e regneranno nei secoli dei secoli". (Ap. 22,4-5)

Sommario

Printed by Books on Demand GmbH, Norderstedt / Germany